ラビリンス
アルファから
オメガ

ラビリンスとラビリンスウォーキングのしくみ、その内容、そしてその理由

Clive Johnson

Labyrinthe Press

Copyright © by Clive Johnson.
July 2019. First published in English March 2017.

すべての権利予約します。この出版物の一部が再現、分散または何らかの形でまたは簡単な場合を除いて、出版社の書面前なしコピー、録音、またはその他の電子的または機械的メソッドを含む任意の手段によって送信重要なレビューの具現化とその他の非営利を使用して特定の引用は著作権法で許可されています。

Labyrinthe Press
Leigh-on-Sea, United Kingdom
www.labyrinthepublishers.com

Book Layout ©2017 BookDesignTemplates.com
Cover illustration © iStock, by mammuth/Peter-Zelei
Other illustrations © sfermin
Distributed by Ingram

British Library Cataloguing in Publication Data
Labyrinth Alpha–Omega/Clive Johnson. –1st ed.
ISBN 978-1-9162276-8-2 (print edition)
ISBN 978-1-9162276-9-9 (electronic edition)

聞こえるデジタル オーディオ ブックとしても使用可能。

この本のペーパーバックおよび電子ブックのエディションは、様々 な翻訳で。

数量販売。大量に購入する本書に特別割引があります。詳細については. info@labyrinthepublishers.com までご連絡ください。

内容

序文 1

導入 5

時間の迷路 9

なぜ迷宮? 23

どのようにアプローチする迷宮? 47

あなたの迷宮の旅の次の場所? 59

ノートおよび参照 67

文献目録 71

序文

　10,000マイルの道路の旅に着手の概念はほとんどの人々の基準でクレイジー見えるかもしれません。キャンバスの大きい、ロールアップストレッチを運搬しながらこのような旅に着手するには、可能性があります、狂気のように見える、特に途中見知らぬ人を説得されるアイデアに伴うその扉を開くだけでなく、不思議なことにこれを許可します。渡しする起こるかもしれないマットのフロアにまたがることでそれを歩きたい人は誰でも歓迎するにも描かれています。
　私は告白しなければならない、私はこのようなプロジェクトの起動について多くの疑問を持っていたこと。一つは、考えが浮かんだ俄然、次の感動回迷

宮会,発見,作る,収集,と迷路を歩いてでは数百人のコミュニティ。

　私はやっと、課題はおろかコストまたはこのような遠征にかかる時間について考えた。しかし、私は元来、遊牧民と私は'偉大な神'を呼び出す人から私のキューを取っている私の心のリードに従うことを考えてみたい。

　だから、計画と、このプロジェクトが起こるように憧れの最低、私についての私の最初の夜の滞在を整理、深呼吸など設定で作られた迷路があるために貯金の 2,000 ドル以上をコミットします。

　迷宮会会員の中核を形成した迷路の愛好家の数の増加を刺激すると共に私を運転した情熱は、言葉にするは難しいものです。

　迷路は、不思議な魅力を持っている-1つを歩くするだけはありません気が長いストライドを取るときに犬を散歩するときのよう。感情のすべての方法は、迷路のパスに-
および新鮮なアイデア、意味のある反射、あなたは再び戻って外に出るときにかかることがありますアクションのコースのためのインスピレーションをステップするとき表面に来ることができます。

　迷宮は古代の原型、何世紀にもわたって先祖に秘密知られています。ない資格や職歴1つ日時帖を歩く。若い古い(とそれらの間のどこか);金持ちと貧乏人。ヒスパニック、ネイティブアメリカンおよびアングロサクソン。ユダヤ人やイスラム教徒、キリスト教、ヒンドゥー教。健常者と身体障害者;無神論者と不可知論;都市人々および国種類迷宮は誰と誰の判断

と同等にみんなを治療せず、そのパスへのステップを誘います。

"他のツール上手く配置に我々の存在の多くの側面をもたらすできすべて同じパス上であるので、明確に教えてくれる"ヘレンカレー、迷宮会[1]の元大統領と主張します。異なる宗教や文化的背景の人々に効果的に話すようである何"

　おそらくこれはなぜ迷宮ウォーキング人気となっているので近年では理由の1つはそれぞれの人の散歩は自分の時間と方法でユニークで作られたが、迷宮が受け入れ、すべての包含します。

　人間の美しい多様性を受け入れるが、事実は1つの理由なぜそれに惹かのであまりにも特定の信性-祇園または信念の他のシステムとも提携関係を超越する能力であります。本当に異教徒間、同社製品および均等にない信仰の人々の歓迎または'精神の問題についてのビューの特定のポイントを持っていることです。

　短い本の迷宮はそのような力を持っていると信じる理由について少し言うよ。我々は独自の簡単なツアーを取るよオフに停止する場所し歴史の迷路は、ここで私たちのための関連性の感覚を作るしようとする現在の日付に戻る前に異なるカルチャで使用されているどのように今して回します。

　迷路を癒し、和解のためなど、生活の中で、一緒にコミュニティをもたらすためのさまざまな状況に直面する人々を助けるに使用されている方法を考えます。使用のこの簡単なアンケートちゃんと迷路がたくさんの人にこのような魅力を持っているなぜに反射と噛み合ってください。

Clive Johnson

　あなたが歩行を開始する時に発生することを期待可能性があり、散歩前にラビリンスをアプローチする方法についていくつかの考えを提供していきます。

　このため、詳細については、詳細を発見し、グループまたはコミュニティ単位で、または個人的に、あなた自身の蒸気の下であなたの地域で歩いて迷路を体験する機会を見つけることに使用できるオプションのいくつかを見ることによって私たちのツアーになります。

　本の最後のセクションは、書籍、雑誌、ポッドキャスト、ウェブサイトのリンクのディレクトリを提供します、'どのように'動画探検し、楽しむ迷路さらにあなた自身の家、組織、またはコミュニティに１つをもたらす可能性を含むため。

導入

　私は最初わずか10年前に迷路を歩いた。私は雑誌をリストし住んでいた近くに教会で行われていたキャンドルライトの迷路への新規参入を招き,イベントの裏ページに小分類された広告に惹かれていた。
　この特定の散歩が教会で場所を取っていた事実は特に重要ではありません私は後でつまずいたとそれの間の迷宮と似たようなイブ不王国から決まっている、多くの人と考えられている他の人と一緒に通常歩行になった時発見しました。それがあることが宗教的であること。しかし、ブライトンおよび持ち上げられる微妙な照明と大気中のライブ音楽と組み合わせて、イングランドの南海岸の住宅地ではこの高教区教会の見事なゴシック建築は、私を感動させる失敗していません。
　その椅子の迷路が描かれた大きなキャンバスシートのスペースを作るための教会の広い身廊をク

リアされていた。112キャンドル自体は、心を落ち着かせるロイヤルブルーではキャンバスに選ばれたパスを持つ迷路の円形の境界の周りにちらつきません。この巨大な創造は、パターンとフランスのシャルトル大聖堂で見つけることができる有名な迷宮の測定を忠実に再現。

　サンフランシスコ近代公共空間にもたらされたポータブル迷路の最も初期の例の一つでグレース大聖堂で定期的にレイアウトするために使用同じようなキャンバス迷路に触発さ自体だった。グレース大聖堂でキャンバス迷路に大聖堂の床オリジナルの人気に証言されている永久的なものに再配置されています。

　私の散歩は、晴れやかな笑顔と父方のオーラで優しい紳士(人は非常に良い友人となっています)が紹介されました。イベントの司会は、歩行のためのいくつかのガイドラインを提供する前に迷路の歴史の概要を与えた。我々のホストライトの調光後、チベット
チャイムとし、一つずつシンバル一緒にブラッシングすることで迷路の開口部をシグナル状態-
広いキャンバスを入り口に場所を取る踏み出したラッシュ-個人ではないが。

　私はいくつかの20分以上前に私の散歩を開始する準備ができて感じてを待って私の時間入札。私は発見したので、移動をするときのこの感覚は通常にレプリケートされた私の迷宮自体時々私はすべての場合、非常にゆっくりと動く時のペースで移動する衝動を感じる。

ラビリンス アルファからオメガ

　迷路のパス上に私の最初のステップを取ってしきい値を超えるステップのように感じた。道外-私の懸念は、歩行、呼吸に限られていた何が起こってかもしれないから外れた感がある私の詳細は何もを知ることが期待されます。

　迷宮の内部の異空間の中のこのアイデアは、迷宮学者ヘルマンカーン、発言者によって強調されています。"重要なは外側の線は、[迷宮の]　インナースペースから外装を明確に分離します。"　　　[2]. この内部空間は、我々が我々の内的生活と接続することが場所です。

　私は今その最初の散歩について非常に多くを覚えていません。私は私が最終的にセンターに到着する知っているではなく、それは私をなかった重要だっただろうと少しを費やして、時間が他の人が私の周りに囲まれている間、キャンバスの上にしゃがみ。その日は、私の散歩の時に私がいくつかのステップを歩いて人々の多くがあった他の反対の方向から私に向かって来て、まだ他の出入り、登場し、迷宮のに沿っての旅で姿を消した私の周辺視野で曲がりくねった道。

　私は歩いて、私は私の席に戻り、許可したら私を楽しんでいただけの経験を処理に時間を自分自身。平和、隆起、そして私に来た場所で非常に快適に感じた。私は私の散歩中に私に来ていたいくつかの考えを書き留めたがある可能性があります今、思い出すことができないが、これは珍しい(じゃない悪い考えにインスピレーションや新鮮な洞察力の点滅はあなたに来る場合、迷路を終了したら便利なノートブックはされていないと、彼らは頻繁に行うよう)。

Clive Johnson

　私は、一回限りの経験を歩いてこの迷宮を作るしたくなかった知っていた。幸いなことに小さい迷路を使用してにもかかわらず私にとって、教会は通常朝食散歩をホストしました。これらの早朝散歩で定期的になり、すぐに私たちの歩く後にコーヒーとクロワッサンを私と一緒に入社した仲間の歩行者の忠実なバンドで確固たる友情を構築します。いくつかの私たちは時折教会の南にわずか数ブロックを置く浜の方に非常に遅い、瞑想的な散歩、業務を拡張しました。

　シャルトルへの旅行は、いくつかの年後続きます。ここでは、特定の時間に大聖堂の床の迷宮のパスをマーク同じ270ほど石を歩くことも可能です。そう、13世紀CE以来この同じ道を歩んでいる無数の観光客を考慮する屈辱的なで

第1章

時間の迷路

シャルトルで迷路が特によく知られている、おそらく大聖堂は多くの世紀の重要な巡礼地だったのでです。訪問者にエルサレムに旅することができなかった人が含まれています。迷宮の代わりに巡礼の象徴的な焦点を提供します。

多くは、次の目的地に到着する前に多くのマイルのビューに迫り来るイムポーズ大聖堂は、神聖な町に達する長く、骨の折れる旅冷たい石のタイルを歩いた。巡礼者のためのような偉大な大聖堂で迷宮の中心に到達するは新しいエルサレムに到着します。

シャルトル迷宮のデザインは驚くほど美しいです。112お祭りパターンにセット、迷路の外側の境界線をマークの装飾のモチーフです。ほぼ完璧な対称、迷宮は、壮大さと、この卓越した大聖堂の傑作に限

り証言北と南の入浴例外的なバラ窓を含めて、その素晴らしい空間に輝く多くのステンドグラスの窓は、します。廊とその外観を飾る複雑な細工がされた彫刻。

　しばしば大聖堂の床にその垂直面からレバレッジすることができた迷宮の計画に身廊の西端に大きなバラ窓と入れ替えるといいます。しかし、著名な迷宮研究員ジェフサワードは[3]この理論を反証が。それにもかかわらず、迷宮のデザインの意味についての謎は学者、いくつかの推測を一度提供したスペース、司祭の間でボールを渡すことを含んだイースターの時期に式を実行するために従事する続ける他の人を示唆しています。それは、手の込んだカレンダーとして使用されている可能性があります。

　神聖な幾何学の他の顕著な例は、このスペースで発見されるが、いくつかは迷宮[4]として均整のとれた上品。シャルトルでゴシック様式の傑作である数は、ヨーロッパで著名な教会、修道院、大聖堂、迷宮に家。アミアン、ポワティエ、サンカンタンにある(他の人は存在しているが、破壊されて以来知られている)、迷路などがあります。

ラビリンス アルファからオメガ

シャルトル大聖堂、中世の時代から迷路のように最もよく知られたホーム

　他の所でヨーロッパで迷路見つけることができます変更ネイティブ設定でと我々が言うことができる限りでは、-目的が異なるために使用されました。

　ゲル多北部、スカンジナビアの海岸周りなどできるだけ多く600石マーク迷路は、'トロイの町」として知られている集落で発見されている、若いでクレタ島が印刷されますので、これらの構造は密接に、ラビリンスパターンをモデル男性は、トロイの木馬の戦いを再制定でしょう。

　すべてのスカンジナビアでの発掘調査は、クラシックなデザインを従ってください。'バルト ホイール'スタイルと呼ばれるこの変化は多くのドイツ語を話す国でもあります。海岸にスカンジナビアの迷路の近くでは、彼らが重要な漁民のため収集の場所を示唆しています。

村から男性が迷宮に祈るまたは海に出す前に儀式を行うために集まるだろうと推測されます。保護のための祈りが提供されるだろうし、集まった彼らの神豊かなキャッチの請願と思います。おそらく、あまりにも男性のいくつか可能性があります歩いている迷宮危険な海に出かける前に。私たちは何考え可能性があります実行されている彼らの心を彼らはそう、何が彼らを負担と想像することができます彼らの心で行ったことがあります。

島々やギリシア人が支配をしていた地域に、大陸の向こう側に迷路、実際またはについて書面または陶器の発見に塗装の他の例はたくさんあります。確かに、これらの最も有名ながクレタ島のクノッソスの迷宮(これは任意の物理的な証拠によってまだ確認されていないが、神話に知られてかもしれないラビリンス)。

古典的な中世、バルトの迷宮スタイル

ご存知かもしれませんが、ギリシャ神話の有名な物語の剣の助けと、クレタ島のミノス王の気まぐれな娘であるアリアドネの物語。
おそらく避けられない迷路。

ラビリンス アルファからオメガ

　ミノタウロスを倒した後、テセウスは糸を解き、反対側で結ばれた旅に向けて一歩を踏み出しました。

　二人はナクソス島に脱出し、怒りでミノスに誓い、迷宮の作成者を罰します。¥この迷宮は、彼の息子として提示する私のを恥じたミノタウロスを住宅のための手段としてダイダロス、独創的な発明家によって設計されました。毎年、7つの若い男性と若い女性の7人に送られた本土からささげ物としてミノタウロスの飽くことのない食欲を満たします。迷宮の謎を解くとミノタウロスを圧倒的テセウスに続く、ダイダロスはミノスの王国を逃げるように作られた、猛烈な王追放彼難攻不落の塔に罰としてテセウスの彼の想定された援助。私たちは有名な飛んだイカロスに近すぎる太陽の塔での投獄を脱出するための手段として彼の彼の父が作った翼のワックスシールの融解を引き起こしている彼の息子を含む物語で彼に再び遭遇します。

　ダイダロスの「迷宮」は、私たちは今『迷路』を呼び出す可能性があります。それは多くの行き詰まり、交差道路、安全に、その中心に投獄されたミノタウロスを維持するし、とりとめのないことを敢えてしただれをトラップするように設計含まれている可能性があります。しかし、テセウスが見つかりました1つの真のパスの迷路を設定しませんわなもそのパスを歩く人をだます。モダンなパズル迷路を組み込む同じ原理彼らの秘密を知っている人は、センターにシンプルで単一パスであります。

　実際には『迷路』の単語の最初の言及に表示されませんでした英語14世紀までジェフリー　　　　　・

チョーサーが造語されている可能性があります。その前に、儀式の目的のためマークされている任意の含まれているパスが、迷路のようではなくフランス語またはラテン語同等、迷路やその迷路として知られている可能性があります。

　パズル迷路の概念または意図的に楽しませるが、その多数の盲目の路地で挑戦に乗り出す構造-エリザベス朝時代までさまざまな文明の誘惑または混同する迷路を使用しているが知られているが表示されない、無意識の訪問者。

　たとえば、アビマニュ、偉大なヒンドゥー教の戦士、アルジュナの息子の叙事詩マハーバーラタの物語は、若い男の戦場に彼の方法を作る方法を教えし、敗北彼の敵はなくまだ返す方法方法方法を指示します。物語は、古典的なパットアジサシの特徴的な変形をされているとはいえ、クレタ島の様式に顕著な類似性を担う迷路としてヒンドゥー教の伝承で描かれています。

　サンスクリット語でチャクラヴァーユ(文字通り、「ホイール戦い形成」)、として知られているヒンズー教バージョンは、迷路のようなパターンの軍隊の配置を表します。ヒンドゥー教、タントラ、ジャイナ教の文献だけでなく、多数のレリーフであります。

　代迷路通常印が付いていた、地面に石でまたは床モザイクのモチーフを形成生垣と庭園迷路は、ルネサンス後期の発明をされているに表示されます。

　、迷路とは対照的は、迷路は (少なくとも普通に) 1つだけパスを持ちます。どこでは、2つまたは複数

のパスは、エントリの手段としては提供されます-迷路任意特別設計されたいくつかのケースは、その後に続くパス迷路の中心に。これはポイント:心配することはない、行く必要にパスに従ってくださいし、どこにあなたを取る、それを信頼を除く。

　ミノタウロスのテセウスの敗北は、定期的に、制定されていますイドメネウスがいわゆる　'クレーンダンス'のローマ人によって後でもトロイ、だからまたとして知られている'トロイのゲーム'でギリシアの勝利をリコール、迷路の周りと考えられます。これにより、さらに元アンプル使用する迷路は、儀式やお祝い目的で置かれているのです。

　いくつかの初期のキリスト教徒は、地獄の1つのパスに従っていない人が直面している危険を描写するテセウスの神話を適応しました。センターとの出会いは、とりこに保存されませんでした。ただし、キリスト教徒は、迷宮が新しいエルサレムへの魂の道の寓意であり、この浮気だけに期待できる地獄への降下と終了する彼らの旅にも考えを指摘する公正です。

　この迷宮の表現は非常に有用でおそらく迷路が置かれる使用にあたって今日。一つは、我々は通常迷宮モンスターを満たすために期待したり、悪魔、まだ少ないを我々の方法を見つけることができないに直面することに入力しないでください。解き放つモンス時折表面が瞑想の任意のフォームを引き受けた場合しかし、彼らがする場合それらに直面する私たち自身の良いされることを確認できます。それは真も迷宮が自分自身として認識またはから離れて実行する可能性がありますない私たちの私たちの影の自

己の一部を見ることを引き起こす可能性があります。再度、認識し、私たちの影と平和を作る場合は成長し、完全に統合された人間になる、重要です。

　一般的に、区のローマの時間から迷路検討されている保護のためのスペース。我々は我々の内的生活とタッチになるとしても、私たちを保持する安全なスペースです。ストーンサークル、森の木立、立っているのも同じです、人々−
すべての円は、思いやりの精神で開催されて、肯定的なエネルギーを含むと見られています。

　一般的に、区のローマの時間から迷路検討されている保護のためのスペース。我々は我々の内的生活とタッチになるとしても、私たちを保持する安全なスペースです。ストーンサークル、森の木立、立っているのも同じです、人々すべての円は、思いやりの精神で開催されて、肯定的なエネルギーを含むと見られています。"迷宮で自分自身を失うはありません。あなたは自分自身を見つけます。" [5].

　ラビリンスの古典的な形（魅惑的なタイプではない）は、トロイの町のバルト海のラビリンスに刻まれたパターンに見ることができます。
北米とインドで発見された迷路でも同様のパターンが見つかっています。

　このパターンの例は、ジャイナ教徒、ヒンドゥー教徒、仏教の写本、およびジャワとアフガニスタンから遠く離れた場所で発見された印象にあります。

そのような迷宮は、古典的なギリシャの時代からのものであり、明らかに東洋の信仰にとって重要でした。
しかし、スペイン北西部のポンテベドラ近くの岩面にペトログリフとして刻まれたラビリンスは、これよりも800年前に先行する可能性があり、古いバビロニアのタブレットに見られるラビリンスのパターンは、ほぼ同時期に合理的な確度で日付を付けることができます。

　何が明確な迷路には、歴史そのものを記録した限り、おそらく非常に長い歴史を持って、です。

　おそらく当然のことながら、ローマ人は少なくとのも神秘的なまたは宇宙論的な意義をもっていない場合は、自分の芸術的価値の観点からそれらを眺め、迷路に興味を持った。ローマ時代のモザイクには、特質上床面積の1つの象限から別に移動して順番に完了は、角度のパスを表す彼らのデザインの手の込んだラビリンス パターンが組み込まれています。

　古代ローマの詩人プリニウス　(23/24-79　CE)(プリニウスのカタログには、恐ろしい地下迷路主にについて説明します)が、このような迷路にあった審美的な懇願よりローマ人の示唆している彼の自然史の迷路のリストが含まれています。何で生き残った象徴として迷宮の重要性は、イタリアでは今、他の場所で西ローマ帝国の崩壊後、南部ヨーロッパで列またはとしてよりも大聖堂の壁に刻まれたはるかに多く一般的に見られることができるパス歩いた [6]。

　ケルト族の世界の迷路は、重要な役割を果たしているようです。西イングランドのグラストンベリーで高騰し、昇順の迷宮は、伽藍の重要性[7]を持って

いると信じられているサイトにある1つの有名な例です。

　イタリア旅行ゲルノットカンドリーニリコール彼はヨーロッパの迷路のツアー中にこの神聖な場所で会った男からこの特定の迷宮の意義の　　　1つの説明です。

　アメリカ大陸の迷宮の歴史は、ほとんど語られない物語のままです。デッサンは南アメリカのブラジルで発見されましたが、18世紀以降のアメリカ先住民の歴史の中で多くの言及があります。ラビリンスのペトログリフは、北米で発見されたラビリンスへの最初の言及の中で、いくつかの南西州、特にニューメキシコ州とアリゾナ州に登場します。

　生命を与える母なる地球としての迷宮の概念は、多くのネイティブアメリカンの表明で見られます。精神的な再生と、ある世界から次の世界へと移るプロセスは、ホピ族にとっての迷宮の象徴でも重要であると考えられています。

　ネイティブアメリカンのペトログリフとバスケットワークには、2つの入り口を持つ正方形の迷路と、古典的な迷路のなじみ深い回り道と「クモの足」の歪みのように見えるものの両方を組み合わせたパターンがあります（下の図を参照）。

クラシックなデザインに異常な変化を表示する
1920年代ピマ
バスケットに織り込まれた迷路の例

今日の迷宮

そこで、現在の日に来てください。それは他のすべての人間の歴史の中でよりも過去20年間以上の迷路を作成されていることと考えられます。ある程度、これの意外なできない可能性があります世界の人口は過去100で指数関数的に成長して年またはそう、そしてもちろん、我々はポータブルの成果物を生産し、我々の祖先を持っていたよりも、それらについての情報を通信のためのより効果的な手段を持っています。

彼女の本は、神聖な道を歩いて、牧師先生ローレンArtress は、 開設当初に公開直前の1991年の大晦日に、サンフランシスコでグレース大聖堂で迷路の前例のない関心をについて説明します。

イベントは、ニュース記事で記載されていたが、深夜まで18からノブ・ヒルの偉大な大聖堂の外にキューがなる誰が予測している可能性があります。「ダムの水門を開くことのようだった一般に迷宮を開く」回想する女優[9]。""それを含むの方法はありませんでした。戻って行くことはありませんでした。物事は再び同じ決してします。"

どのように本当にこれらの言葉を証明しています。グレース大聖堂、Artressはすぐに迷路の世界だけでなく、アメリカ合衆国を越えて多くの人に歩いて彼女の大臣をもたらすように頼まれたことで迷宮の人気だった。

迷宮を場所から場所を取ることができるポータブルのキャンバス-1
の利用であったグレース大聖堂の偉大な技術革新として配置されて必要なと、折りたためば再びそれを他の目的に使用する占有スペースを許可します。ローレンArtressの呼び出し、新しい年齢教師博士ジーン・ヒューストンの以前のインスピレーション、迷宮は癒し、瞑想、リフレクション、コミュニティの構築、和平、および他の多くの目的のためのよく知られているスペースとして再確立する来た。

ポータブル迷路は、雇われたやいくつかのグループやコミュニティで共有することができます。迷路の周りアメリカイニシアチブなく運ぶことができる単一の迷路を明らかに必要とする、そのような革新不可能の場所から場所へ。ただし、恒久的な迷路は、多くの場所で作成されています。石、レンガ、スレートから作られていますいくつか、他の人はゴム

製のマットを一緒にロックすることにより作られています。いくつかは草に刈られたが、他はツリースタブが付いています。

　私たちの先祖によって構築された迷路は、これらの旅行することができるまたはそのような場所の近くに住んでいるに恵まれている、場所サフランそして宗教にエセックス(英国)、ドイツのダム修道院でフォレスト迷路で巨大な芝生の迷宮などの多くのまだ歩くことが、やもちろん、迷路のシャルトル大聖堂と北ヨーロッパで他の教会の建物の床を飾ったします。

　最近の例には、ランズエンド、南アフリカ共和国、子牛山のエッジでラビリンスとインストール、テキサス州ヒューストンのセントトーマス大学で、サンフランシスコの太平洋を見下ろす11回路迷宮が含まれます。おそらく自分の家ですぐ迷路があります?かおそらく新しいものにホームを与えるものができますか。

第2章

なぜ迷宮?

非常に長い歴史をまたがる迷路は、世界中の多くの場所で発見されていて、数千の人々は、今日それらを歩くしたい本当の目的を発見した我々は合理的に迷路がこのような魅力を持っている理由を頼むかもしれない。まさに、迷路を歩く目的とその経路上には一歩、人に何が起こるか。

　すでに歴史の迷路の簡単な鉢植えツアーから明らかだろう、迷宮のルアーに起因することができます1つの目的はありません。迷路お祝い制定の様々 な-lyを使用されている('クレーン踊り'と同様に、実行のテセウス、ミノタウロス勝利をリコールする)、祈りのための集まる場所として小胞体と(北欧の漁民の場合のように準備危険な任務に保護を求めるに来た)

と(シャルトルなど偉大な迷路に来た多くの巡礼者の場合)のように巡礼のパスとして。

迷路は、場所がゲーム実施、神聖な儀式としても起因していると昔の敵は彼らの相違を取っておくこと。

最も重要な間違いなく現代におけるその人気の会計と何はおそらく数千年をされている、個人単に日常生活の懸念からデタッチするのには、その抱擁を受け取るために迷宮に来て、ちょうど'する'。

かなり頻繁にこれらの日について話されている'をされて'のコンセプトは、非常に趣のあるやも陳腐なアイデアであるとそのような概念を却下しやすい。

私にとっては、'に'自分自身をできるように起こっているイベントのことが起こるかもしれないフォーカスingを中止すること。それは我々が呼吸し、生きていることを意識する瞬間-
だけの場合にのみ任意のことを行うことの任意のアイデアを与えることを意味します。存在するということでもまたは瞬間のように起こっている何が実際に発生してバックグラウンドで通り過ぎることができる音に気付いて、我々は立っている私たちの皮膚、またはちょうどオビ料理方法上の風のプレイ(またはどんな姿勢私たちを保持することがあります)、と地面との接続。

'されている'我々が体に生息する、内面の生活もあることに気づいてを意味します。受け取るために、私たちの体を開き、息を吸うときに、当社のコアを見つけること、ラビリンス私たちは私たち与える

可能性がありますすべてあまりにも頻繁にはほとんど注意このより深い生命との接続を行うに役立ちます。

　我々が物理的な時間のすべての感覚を失うように見える我々経験かなりまれであるかもしれないものつかの間の瞬間、'の'をときに、不思議なことに、一瞬のように思えるが実際に長くなる私たちの時計をチェックに来るとき。逆に、長い時間をかけて通過するようだが従来のクロックにわずか数分にまたがる可能性があります。

　よく歩く時間の通常の規則が思えない適用後、また1つの我々がいるのさまざまな状態で完全と思われるが、1つだけではなく意識の新しい種類に連れて行ってくれるようです。

　ラルフローレンArtressそれを置く"迷路のパスを歩いたとき、新しい世界は、私たちを迎えてくれます。この世界ではない、分割し、心と体の部門をだらけです。現実の新しいビジョンは、この経験の中で編まれました。"[10].イタリア迷宮愛好家ジェルノ・カンドリーニ同じようなポイントになります。"　　　彼女の魂に耳を傾けることを学ぶ　　　[女]人歩くに沿って、"[11].

　迷宮を歩いて含むことができるような瞬間-部分的これら我々は時間を渡すことを心配する決定を撮影したので、私は信じてもいるときに完全にであることの意識は、神秘的な何かが起こるので。これは瞑想のほとんどの形態の中によく起こることを説明しにくい(と練習瞑想方法の1つは、迷路を歩く)。

我々は、インスピレーション、保証、およびガイダンスを受け取るなど迷路歩行のため他のいくつかの一般的な理由を言及しました。念頭に、おそらくそれは、厄介なことがありますや今後に従うコースについて決断を下すとする場合の問題をに関する特定の質問と迷路にアプローチすることは珍しくないです。

　迷路の中心に向かって歩くが、ないそれを分析またはあなたの頭でさまざまなアイデアを投げ、珍しく来て、新鮮なアイデアやストライクにインスピレーションを得るのための質問を覚えておいてください。これは、散歩中に可能性があります常に起こらないが、ドロップ可能性があります意識にいつか後で、おそらくあなたは少なくともそれを期待するとき。

　心理学者は何がここに起こっていると言う何かがある偉大なスイスの心理学者カール・ユングの教えに同意する人は特に。ユングイアン・信者は、人自身、通常は非常に忙しい意識思考からデタッチする場合、通常は潜在意識のレベルでのみ存在する何を意識にもたらすことにより敏感になることを提案するかもしれない。我々は無限の知恵を活用する能力を持っているときに彼らが提案する、自分自身の奥深く掘り下げて知識のグランドストア体験し、アクセスできるすべての人間の人生の青写真または集合的無意識と呼ばれるものに描画できます．

　したがって、私たちは、私たち自身の限られた、分析心に依存するのではなく、歴史を通して皆の知恵で信頼できる場合それ驚くべきことで迷宮の抱擁

に入るとき、思いがけないアイデアがポップアップを開始すること。

いくつかのサイ神学者によって提供される説明かもしれませんが、特定の宗教の信者が私たちの中心部と接続することができるという点で話を好むかもしれない、または '神との接触に来る/神/真ソース' 私たちが与えることができるとき、私たち自分勝手な心の残りの部分。オーストラリアのジャーナリストと迷宮研究者バージニア州ウェストベリーは、迷路のように[12]私たちの現在の魅力の根底にあると思われる概念として「気持ち、心、接続とはぎとら"を強調表示します。

その説明が正しいかもしれないがたいしたことがないと思うと多くの人々の経験がそれらを納得させる1つの方法や、その他(自分自身含まれている)、一方、インスピレーションや指導、瞑想中に由来または迷路まだ経験的証明されません。

まだ、私はそれは簡単に原型のユング思想家の概念によって進められているもう一つの信念の可能性を考慮に興味をそそられると思います。原型の行動パターンは、または　　　-あなたは生活のため好む-モデルに存在する意識不明に。

　Archetypesは、
　　集合的無意識の概念は、私たちのDNA、拡張の一部として-私たちは能力と我々の祖先を導かれて生命のこれらの時代を超越した青写真にタップする傾向と生まれ、あまりにも私たちを導くことができます。などが強いと有能な;しようとする主人公魔術師は、そのモットーは我々が想像する;ビジョンから私たちの生活を作成するこ

と賢明な女性や男性、その人生の試験全体にそれらをもたらす成熟と。

　場合でもすることができますだけでなくを参照してください、歩くこと自体、原型である迷宮をいくつかと言います。おそらくそれは'偉大な母'、ガイア、私たちすべての生活と複雑に接続されリビング部分が地球という無限に複雑な生物を表す可能性があります。

　他の迷宮は宇宙論的な意義は、おそらくそのすべての多様性と見かけ上の個々の症状での生活の進化し続ける演劇自体、コスモスのモデルが、何とか接続されていると私たちを1つにマージするをこと共通の中心を持つと考える場合があります。

　しかし、先走りができてる。迷宮が可能性がありますまたは表すことができない本当に関係ありません。インスピレーションが来るかもしれないなぜ知っている必要はありません私たちが歩いても、なぜ我々は平和に感じるかもしれないまたは一見世俗的な時間から切り離されました。我々は迷宮がその魔法を動作することを信頼する必要があります-単純に'は' と。

　迷路の美しさの一つは、もともとようになってどのように、なぜ、世界の多くのさまざまな部分にあるも素晴らしい経験にそれを歩くとたくさんの人たちがどうして誰も知っていることです。私たちは聖なるものだと思います何かに向かって来ているその抱擁にアプローチ、何か謎と力を保持します。

　私はそれがあるべき姿である合っていると思います。我々は迷路が簡単にその秘密を与える必要があ

ります期待する必要はありません。我々が行う必要があるすべては、徒歩ですとすることができますを放棄する場合は少しだけ短い間に'真実'の私たち自身の自我のバージョンで私たちの信頼の。

アルファとオメガ

私にとっては、迷宮を表します'全体'に呼ばれる人の人生とその統合の「アルファとオメガ」何が可能性があります1つは、単一の本質と個々のマージ。センター、私はちょうどことに気付いて、私の周りの歩行者の常に変化する星座の一部に到着したとき、これは確かに私の認識です。

　'A'は、(多くの'アルファ男性'は、支配グループ内に駆動している人について説明する方法で)自分勝手な個人は、'オメガ'には、全体、真の自己、個人を超越します。

　センターは統合の場所:すべての周り起こっているしばらくの間休養し、何によって吸収される場所。適切に、多分、ギリシャの手紙オメガ英訳として'o'大きなこれは一方通行の迷路を含む空間を説明したいと。つまり、私の見解は、神秘主義と精神性の私の興味によってバイアスされています。迷宮の力のちょうど1つの可能な説明です。

パスに沿って経験

何が起こる迷宮にステップインするとき?

簡単に言えば:歩くたびに付随ないの1つの共通の経験があります。多くの様々な経験は、別の散歩に同じ人によってと同様、別の回で異なる人々によって発生可能性があります。歩くたびに初めて発生します。歩くごとに一意です。

私自身の歩みの一つの例を説明しようとするが、これは'一般的な'として記述する可能性があることを確認はないストレスが注意する必要がありますしましょう。みんなの散歩はユニークなすべての後!私の説明のために私はファシリテーターが主催するウォークを参照してください、いつでも自由にアクセスできる迷路を歩くのではなく。

私は通常、迷宮をアプローチを介して実行され私の心見てそれ、瞑想、イメージ、思考や感情を私に来るかもしれないものは何でも受け入れる場所として無数の忙しい思考を手放すため。つまり、中心に向かって私の通常のパスではない特定の質問または私がありますの期待によって計画的な。私は単に自分'移動'を見て、これは私がこれを行う日の間に持っている唯一のチャンスかもしれません。

機会があれば、私通常しばらく待つ迷宮が開かれた、それは私の散歩を開始するため前進する私のために右に感じるまで後。何もより穏やかな衝動はこの動きを作るために私を求めるに関与する可能性がありますが、微調整は通常意図的に考えられるのではなく、私の中どこかから来るようである.'今、私見ることができる大きなギャップを私の前の歩行者のため開放今は私の動きを作るための私の瞬間がある!'、私は通常のような計算を作っています

ラビリンス アルファからオメガ

　もちろん、1つまたは複数の他の人々は、私として同時に迷宮にアプローチする衝動を感じるかもしれない。このようなケースを私の番キューに散歩のホストを告げる私のパス上にステップするまで。しかし、私は私の最初のステップを取る前に迷宮の入り口のすぐ外の瞬間を待つみたい。これは私の迷路は、ローマカトリック教会の信者(と言う)が自分たちの手で十字を作る可能性があります同じように多くの尊敬から、マークを来ていること1つ以上の別の空間へのステップ午前ことを確認するチャンスを与えるとき教会の祭壇に近づいています。

　私は迷宮に私たちの最初のステップを取る我々とき、しきい値を交差している私たちと考えています。かどうかこれは閾値空間(場所は我々が何が背後にある、身近な残っているが我々が我々に向かってくる、新しい状況で見つけるかもしれないがわからない)にステップイン、私は知らない、私にとって、迷路にステップ実行するには、私の後ろに外の世界を残すことです。

　しきい値を超えた概念自体迷宮が出して1つさらに目的では。式の儀式とステップ、回線を通じてまたは、境界を表すいくつかの物理的な構造の下でしばしば人生の新しいステージに移動へのコミットメントを象徴しています。

　通過儀礼の儀式でたとえば、若い女性や男性から渡します思春期成人期ような境界と、ステップに直面する反対側にはその人の準備でそれらに直面するだろう新しい責任を引き受けを示します、人生の新しい章は。アフリカでは、いくつかの部族の大人に思春期の開始など(ヴェンダ人の若い女性によって

実行されるひつじダンス)など迷路のようなダンスへの遷移は、この儀式を成文化します。

したがって、迷路では、人生の重要な転移を示す儀式で強力な役割を使用できます。

通常人生の一段階間を移動する、関連付けられていない迷路にステップしますが、すべて徒歩含むこれが直ちに判明しない場合でも、あなたが何らかの方法で変更されること可能性を認めると思います。

どんなペースだ右に歩きます。パスに沿って動き、レースではないし、おそらく時々とジェルノ・カンドーリーニが観察し、「に沿ってすぐあまりにも頻繁に旅行する人たち過去の中心それに気付かず"[13].

私は、'優しい目'、または何かに特に固定ではないあまりにもしっかりと視線を維持します。私の周りの他の人が取っている可能性が、パスの私の周辺視野で通常ぼんやりと認識して、どこでをお知らせ私の足を置くことですが、それ以外の場合私の焦点は一般的に自分自身の中。センターに到着し思っても、それは問題ではない私を行う場合。旅は、どのような事項、目的地に達していないです。

自分のペースが時を早めるし、他でスローダウンします。時に、私はしばらくの間残りたいだけ、下の地球に私の体を介して息の通路に焦点を当て、またはになる私の足の地面くらいしっかりとルーツを持つツリーの感覚のような強い絆を認識して植えを感じるかもしれません。

いくつかの迷路のデザインなどはシャルトル設計、提供ポイント短い間に迷路のパスをステップする

ことが可能です。ラビリス、として知られているシャルトルパターンで見られるダブル噛み付いた斧形などのこれらの機能は、立って、座ってまたは他の歩行者の通路を中断することがなくしばらくの間、ひざまずくことスペースです。

しかし、横や別あたりの息子、または別に渡される前に渡すは、迷路の美しさの別の側面です。もちろん、それは単独で、迷路を歩くことができますが、他の人は多くの場合、あなたと空間を共有する私たちはそれぞれの意識の特別な瞬間が作成されより大きな全体の一部です。かなり他人の迷路を歩くエネルギーについて特別な何かがあります。

迷宮は人生の比喩として、しばしばおいわ-(日常生活の苦難から救われるかを見つけること、個人として私たちの完全な可能性を実現するために同じ目的地に向かうすべての移動であることをその人が自分の生活のパスを次悟り)。人生の旅の中に、もちろん、我々　　は他のもの-時々　　私たちに我々の注目の周囲にだけ特徴度と他を渡し時、こっちに向かってくるを発生します。ような出会いは、あまりにも、言葉のやり取りや剣の交差迷路で起こる。

我々は他の人が経験するかもしれない知らないの散歩中何の考えが我々の知っているそれらのすべてを先取りはそれぞれ今後、我々自身のペースで、独自の方法であります。

かどうか迷宮モデル、日常での生活、それが生命の完全なサイクルを表していると考えることも-から'死ぬ'思考しセンターで行動しつつも家庭教師ヒットマン生まれ変わるとして迷路からの古い方法に、入り口の道で誕生。

これは、迷宮の象徴の1つの側面を考えての排他的キリスト教の方法であると考えられます。しかし、死と再生のサイクルとしての生活の概念は異教の考え;のように同様に東の伝統に根ざしているもたとえばのヒンドゥー教、仏教、ドルイドの伝統。従ってドルイド、円形のスペースも表します季節のサイクル担当者憤って地球と太陽、地球のすべての生命の源を象徴する中心の軌道の外側の縁と。

　迷路の外側の回路を歩いているとき私はよく他人の認識なってきました。私の観察は、人生を非常に多く、しばしば感じ、孤独の中でコンテンツが本当に一人ではないという事実から快適さを取ってのエッジの周りに移動した人私傾向があることです。

　外部の回路にピックアップ私歩くペースよく‐私は知らない理由これは、そうかもしれないが、これは私の前の'明確な道路'の頻繁に、中心に向かって勢いとは何かを持っているようです。人生そのものは、もちろん、とき我々は減速感じるときそれらと同様、かなりのペースで進むように見える期間が含まれます。散歩に同行がこの種の小型観測は、渡すことがありますそれ以外の場合通常私たちが表面に来る反射のようなものの例を示します。

　あまりにもエネルギーの流れを生成する円形の方向に移動についての何かがあります。チャールズ ・ダーウィンは、彼は種の起源に関する彼の理論形成といわれるケントの彼の庭で遠回り砂散歩を歩く有名な使用されます。この実習は、彼が彼の意見を形成するうえで非常に有益されているに表示されます。

ラビリンス アルファからオメガ

　迷宮の1つの近代的なアプリケーションは、同様に、問題を解決するために。たとえば、Lonegrenに伝えるは、古典的な迷路[14]の各回路の問題に関する別の質問することができます熟考する手法を説明します。

　スパイラルは、厳密に言えば、スパイラルが迷宮ではないが同じような影響を持つことができます。前者はそれを歩く人をもたらす継続的に中心に近い外側の境界によって事実上完全囲むことがないと。迷路のパスは対照的に、通常、違うサイズの軌道に近いまたは中心に向かって「来る・行く」ルートがあります。

　迷路は常にないことに注意してください円形フォームで、どちらも常にスムーズにしなやかなパスがあります。フランス、アミアンとエリー、英国のカテドラルでのインストールなど、非常に角度のパターンを表示します。それにもかかわらず、明確に定義された境界を含むこれらとすべての迷路と中心に向かって移動していると最終的にそれらを歩く歩行者に明らかにされます。

　中世のスタイルで見られるおなじみのパターンなど、多くの迷宮デザインにはからちょうど来ている我々の方向に私たちを取る頻繁にターンが含まれます。中世(シャルトル)パターンの独創的な機能は、そのしなやかなパスがセンターに近くに来る時、外側のエッジに向かって離れて歩行を再度取ることです。しない限り、非常にこのパターンに慣れてお散歩のコースを意識して指摘し、パスの中心に沿っているかを知ることは困難だが非常に近い、まだいくつかの距離。

私を見つけることへと、中心から行き来はしばしば日常ものアラームのスイッチを切るとちょうど歩いて自分自身を許可を兼ねたに私の心をさまようことを見つける場合、ターン時に起きる私を引き起こします。

　非常に通電はこの「来ると行く」パターンで体全体の移動についての何かあるし、感じることは、自分散歩に沿って進んでいる人に対する我々の変化する位置の関係によって増幅され、エネルギーから再生.物理学者の星や惑星の引力による引きのアナロジーを提供するステップがありますが、その意義を疑問なしに渡すそのような比較をできるようになります。

　シャルトルの大聖堂に来て長い旅を作った人の巡礼者、迷宮のセンターに来ているは最後に天国のゲートウェイに到着のような感じている必要があります。私にとっては、心に到着通常旅にポイントだけです。私通常感じてここで待つように傾斜私の目を閉じては、しばらくの間、多くの場合座って安全性と接地、ぼかしにマージする私の周りの仲間の歩行者の静かな動きを許可します。

　しかし、多くは、大きい意味を持つセンターに到着します。これは、バージニア州ウェストベリーがそれを置く"[象徴する場所]全体性と完了すると、問題は、私たち人間の心の中心部" [15].

　聞くし、来るかもしれない何を受信する機会を提供するセンターで残り私が迷路のように私に質問を撮影したときに、または私は(実際に何かを受信したことを確認してではない場合、可能な応答のための

少しの間を待機するには、潜在意識レベルで認識されることがあります何が受信)。私の外側のパスは、1つ私が受け取った何を感謝しているとどのように私私の日常生活に組み込む可能性があります開いているのです。

　私の散歩を開始する前に休憩としばしば中心から戻る旅に求めるいくつかの小さなインナーを待ちます。まだ迷宮の領域内に含まれる、私の往路はしばしば私の内側のものよりも速いペースで移動するようです。私は私は、ステップバイステップは、日常の世界に戻って、私は再度、しきい値を超える必要がありますポイントに近づいて意識の背後にある迷宮の聖域を残してします。これは、私は常に歓迎、展望をできない場合がありますが、私は意識に私は迷宮から降りる場合は、通常より良いよりも前に踏んだ私の前の日に直面する準備します。いくつかの帰国方法変換も　−　少なくとも、比喩的に言えば-生まれ変わる。

　迷宮は初期のバルト海迷路の創作者によって理解されると考えられていると、自然の偉大な子宮にも例えられる場合迷宮リバーシングのための場所であるという概念にいくつかの真実があるかもしれない-私たちが押さえ込むに準備がありますかe
は、変換対象を持って世界に戻します。

　一部は、ときに我々は、深い眠りが起こる似たようなことを主張している我々は反省から学ぶことを可能にし、私たちの前に置くことができる課題に対応すべく装備の意識のレベルで接続します。このようなクローズとの出会いを通じて我々
の内的、魂の成長可能性があります。

再び、我々は、ここでは、推測の領域が、迷宮の中心部に向かって私たちの動きをつくるときに発生何か実現可能性よりも強力だと思います。「迷路で動作ことを… 　一緒に世界をもたらす本当の魔法-瞬間を主張したシグロネグレンに同意します。意識の我々の直感的または精神的なレベルと意識の私達の分析または理性的なモードをまとめるための可能性を高める」[16]。

確かに、私は私の体から私の心を落ち着かせる呼吸率とリリースされている緊張を見つける私のためのケースです。だったら、可能性が高い以上の私の散歩中に脳波ヘッドセットを着ている私は自分の脳波がβ波の種類落ち着きを援助し、心と体の統合を支援ではなく、アルファやシータのパターンに従っていることを学ぶでしょう。これは深い眠り[17]の期間にある人と同様、深い瞑想は、個人研究で観測されたパターンに収まります。

私は通常の迷宮からステップの前に少し躊躇します。しかし、簡潔にだけ私の散歩が終了する必要があります知っているので。一度その空間の外のステップ私の散歩を開始するときは、迷路のしきい値を横断、私通常は回すよう静かに提供するそれが私に与えているのおかげで、私の席に戻るが前面。

散歩の一例が記載されている何があります。私は迷宮で撮影したすべての散歩は、異なる、予期しない思考、イメージ、および感情を提示されています

。すべてのほとんどごとに歩いていくつかの方法で私に触れている平和で、安全で、感じた時に、邪魔。迷宮で生じる変化は、私は、私に役立つと私は私の人生に達したポイントの関連を信頼できるものです。にもかかわらず、彼らの経験は、私自身から非常に異なる場合があります同じが他のすべての人にとって真実でしょう、きっと。

　迷宮で個々の出来事について今のところ十分です。今我々
がまだ触れていない迷路歩行の多くのアプリケーションのいくつかを考慮に戻りたいと思います。

用途 迷路のアプリケーション

1つの良い例では、紛争の期間後の違いを調整を目的として使用されている迷宮を開始です。南アフリカ共和国の和解の迷路は、そのデザインに　　　　2つの入口を組み込みます。クレア・ウィルソン、そのデザイナーは、2つのポータルは、南アフリカがアパルトヘイトの年を次の中から到着した別の開始場所を表すことについて説明します。

　同時にこの奇抜なデザインは、どこから来るに個人を主導した経験は、非常に異なる、前進かもしれませんが、各ウォーカーとそう部傷を癒すために一般的な欲求再世話人として、、ウィルソンは"ようにに向かって私たちの旅を開始する…、私達の多様性の強さで成長し、それを置く[作成する]南アフリカの人々が本当にお互いと私たちにどのような体験をした気"[18]。

　、他の側を渡し、彼らが踏まれた同じ道を歩いては、迷宮個人がどのように自分の生活形成されてい

る、共通、共有センターに届く前に感謝することができます。

　調整パットアジサシを組み込む最初の迷宮はケープタウンの郊外に2002年に発足しました。多くは、全国いずれかの永続的または一時的に確立されているので。1つは今、ケープタウンは、ケープタウンからのSlangkop光の家と一緒に恒久的なフィクスチャとして立っています。ここでは、3日間教育コースも子供たちのために、多くの場合異なる背景や地域から来ている若い同胞と共に迷宮を歩く機会を提供していますそれぞれの人。

　ウィルソンのデザインは、学校、治療など世界-およびコミュニティ設定で別の場所でレプリケートされています。橋を多くの場合建物の迷路の役割果たしているうち国の歴史の中で緊張した期間の後でその方法を提供することに限り個人をまたは組織への基礎。たとえば、カリフォルニアの　　　　　　1つそのような迷路は、両親が離婚した[19]子どもの利益を保護するために必要な共通点を尊重するを解決する特に一緒に仕事の方法を見つけることを支援するために使用されています。

　統一と平和の目的を果たすため迷路の可能性は他の取り組みにも例示されています。2002年ソルトレイクシティ冬季オリンピックでの元-十分な
7回路迷宮は一緒にスタッフ、選手、および別の国からの訪問者の到来を奨励するための手段の一つとして発足します。

　この世界平和の迷宮には、7つの大陸を象徴するそのデザインの7つの地球儀が組み込まれています。

ラビリンスに来て、歩行者は共通、通いましたと平和的な実践を共有することができた。

　ソルトレイクシティの例からインスピレーションを受け、フロリダ州ベースの長老派教会の大臣と迷宮ファシリテーターキャスリン・マクリーン共同作成彼女は偶然彼女に数多くのまちづくりの取り組みを使用して同じデザインのポータブル
バージョン家の状態および他の場所。

　他の迷宮の取り組みは、集団的トラウマから回復しているコミュニティの間で癒しとコミュニティの回復を支援するために意図されています。ロングビーチ、ミシシッピー、地域社会の生活fol牛の鳴き声湾;次の油流出と同様、ハリケーンカトリーナの荒廃を再構築するために使用されたに迷路があります。ニューヨークのグラウンド・ゼロに近いトリニティウォール街/セント・ポール教会で迷路迷路反射とイラクやアフガニスタンでのサービスからのリターンの後の社会復帰のための静かな避難所を提供する 30のAG大隊の軍人によって使用されます。

　迷路構築コミュニティのための値は、多くの近所と市当局によって認識されています。迷路は、公共の公園、広場、その他の公共スペース、よく想像力を刺激し、彼らの創造についての本人の関与をめっきインストールするに委託されています。

　たとえば、第二次世界大戦1つの終わりに続く逃げたが多くナチスにアルゼンチンの町でラファルダなどの山地集落の町の広場でこのような迷路が共同によって作成されてチームの助けと共に、自分の自治体のsupポートと町の住民カリフォルニアベースの迷路の組織、Veriditas。

ジュディス ・ トリップ、迷路の設計と基礎 [20] ラファルダなどを支援するために旅した14迷宮の支持者の1つのコメント「我々は私たちの迷宮は一緒に来る人々を助ける、古い憎しみを調整、いやし、有用であることを望みます」。

　迷宮世界の別の部分でウォーキングの普及に役立っている均等に貴重な遺産は、オーストラリアのシドニーのセンテニアル公園で印象的な砂岩インストールです。この恒久的なフィクスチャは、シャルトルの設計、およびビジョンと1つだけ女性の献身の結果として中に来た主にモデル化されます。

　プロジェクトは、スコットランドのツアー中に迷宮の統一力の彼女の発見に続く彼女の故郷の町に迷路をもたらすに触発されていたエミリー・シンプソンのアイデアとして始まった。次の年のハードワークと資金調達、シドニーセンテニアルパーク迷路の代表の前に2014年にAを上げるエミリーを助けていた支持者と一緒に街の多く異なった信頼の伝統から捧げられた$500,000をもたらすに必要な実現するプロジェクトです。

　シドニープロジェクト、Abオリジナルの知恵キーパーのいずれかおばさんアリ・ゴールディング、誰か国の高齢者がこの特定の迷宮が多くの人々 を意味する来ている総括します。

　"国に帰り、母なる地球と私たちの人々はいつも接続です。私たちの文化は、家族のサークルとその中の人に接続滞在の近さによって定義されます。迷宮に誘うし、パス一緒にそれを歩く人々を歓迎が一体の土地にそれらを呼び出します."

ラビリンス アルファからオメガ

　定期的に迷宮を歩いて、発足から数年前に、多くのシドニーの生活の重要な部分になりました。サンセットグループ散歩は頻繁に開かれ、毎日、忙しい通勤、ベビーカーと遠く離れてからの訪問者を持つ母親停止迷宮の落ち着いた空間で一時停止をします。

　迷宮建設のコミュニティの関与は、世界中のプロジェクトで証明されます。ラファルダなどイニシアチブと異なる地域や文化の個人は、このタスクで共有する一緒に来るが。

　カリスマのヒューストン　ベースのアーティストレジナルド·アダムスは人に触発し、赤道で迷宮を共同作成するエクアドルの高校と10代の若者を持つテキサス州から大学生をまとめて迷宮を含め、このようなプロジェクトを主導キトに近い。レジナルドは、都心部でのプロジェクトも、破れたダウン教会元churchgoersと近所の人たちが集まる熟考する空間を提供し続けて、彼の故郷の町での瓦礫の中で造られる1つを含むある迷宮に彼の才能を貸しています。交わりと祈る。

　コミュニティビルディングフォーカスは、大学のキャンパス、病院では本社の敷地内に登場している迷路も含む組織設定撮影されています。

　ミャンマー神学研究所でたとえば、迷路は教職員、スタッフ、および学生、社会の精神的な生活の育成を目的によって作成されました。それを歩いた人が神との接続を見つけることの祈りと迷宮布設完了されるそれの短い時間内の個人は迷路のパスを歩いての結果として癒しの事件の報告を始めた。不整脈

に悩まされていた　1　人は、彼のハートビートが;ラビリンスとの出会い後再度正常になっていた報告女性は、"という弱い心を持つ、彼女は[21]のパスを歩いて体力を持っていたことを疑うにもかかわらず、彼女は歩いたときの気持ちを報告しました。

　証拠の増加体の迷路を歩く癒しの資質をサポートします。発表された研究の検討、ハーバード大学医学部の心/身体の研究所の博士ハーバート・ベンソンは、率[22]の減らされた血圧と改善された呼吸の両方にそのような練習が導く確信しています。慢性的な痛み、不安と不眠、入手可能な証拠の勧めリラクゼーションに明らかな利点から離れてかなりの迷路の通常歩くことによって減るかもしれない他の条件の中では。

　ジェフサワード、迷宮の研究の第一人者は、迷宮に応答可能性があります我々の方法を示唆しています"。"迷宮は、祈り、神と接続し、魔法と存在の謎を考える機会の経路にすることができます.[その]魅力招待熟考と同様、遊び心と同様、情感、喜び、好奇心、"[23].

　同じような静脈では、ジョン・w・ローズ迷宮[24]との関係の肯定的な影響を探検した16の研究の広範なレビューは迷宮を歩いて多くの潜在的な利点を提供すること提案する重量を加えます。

　迷宮(そのようなものの穏やかな、低下のストレスや不安を増加)との相互作用を物理的な応答の間ロードスを区別し、これらから現れるように心の状態の影響(高められた明快さ、透明性を高めるなどと塗装)。それは心のこれらの状態はロードス島を示唆し

ている、インスピレーション、直感のような点滅により感受性が強い歩行になります。

　迷宮の影響の彼女の研究ではジル・ジョフリオン神学ミャンマー研究所での使用は、代替の視点癒しのいくつかの種類の間の区別によって報告される歩行者を含む感情的な精神的、リレーショナル、癒しの社会。"迷宮は、人々が彼らが住んでいるコミュニティに関連する彼らの欲求と同様、彼らの深い恐れを探検すること自由に感じ、安全な場所と思われる"・ジョフリオンを遵守します。"[あります]迷宮で、祈りの多くの方法をもたらした大きな意味での全体性と健康" [25].

　コメントの一部はミャンマー神学研究所で迷宮の歩行者によって提供され、確かに他の場所でこれを負担するようであります。

"これは、私の心は、過去3年間の気晴らしの自由されていたの初めてでした。"'

"迷宮で祈っていると、私がストレスの束縛から解放されました。"

"私は非常に経験によって移動し、平和の感覚を発見しました。"

"私の夫が死んだときに私に定住していたうつ病が解除時間の期間にわたって、迷宮を歩いてから"

　適切に、迷路は病院、ホスピス、老人ホームに彼らの方法を発見しました。カンタベリー,イギリスの

巡礼者のホスピスで迷路は迷路が今緩和ケア生命にかかわる病気に対処するそれらに重要な役割を果たす多くのセンターのひとつです。

他の治療上の設定で個人が時折生活をされているものを含め、同様の経験を報告しているものを変更します。これは、コットンウッド、ツーソン、アリゾナ州、未解決の外傷、気分障害、薬物乱用の治療に専用住宅センターなどのセンターでケースをされています。ある迷宮を歩いている多くの患者は、彼らの出会い助けた領域それらとから実行して [26] をされて彼ら持っていた偉大な恐怖心をあおるに対応する準備ができて使用感などの深く定着させた問題に直面することを確認します。

迷路歩行の影響が非常に深いことが明らかです。しかし、多くは自分自身と再接続するまたは単に短い間に中断されない、日常の忙しさを脱出する機会、迷宮に再び時間と時間を返すための十分な理由。迷路、多様な用途がありますが、最終的に、彼らは何も私たちからより多く我々は単に彼らの抱擁にステップよりも、歩くことを要求します。韓国のプリのお寺、ゴードンの由緒あるBoanSunimシドニー、適切にそれを置く、「あなたの足を見てください。あなたの心があります。あなたの足は、どこを参照してください。そこにいる"[27]。

第 3 章

どのようにア
プローチする
迷宮？

我々は見て、として、迷路説明した以外のより多くのだけでなく、多くの異なる目的のために使用されています。しかし、個人としてまたは個人のコミュニティとして実際には、1つのアプローチ迷宮をどのようにすべきか。

　以前、迷宮の散歩中に私の経験の側面を説明します。前述のように、これは迷宮の領域に足を踏み入れるときに何が起こるかの例を説明するためにだった。それは任意の手段によってあなた自身の経験を通して何を発見することがありますはありません。

　実際には、我々は迷宮へステップ、するたびに我々は新しい経験を持っているはずです。これは少し

は完全に何が起こるかは期待できず人生自体-たびに何か新しいものに乗り出すのような。

　自分の練習で私は通常迷宮に私と一緒に質問を服用しないでください。しかし、これは必ずしもケースです。実際には、ためのガイダンスを求めています特に重要な質問は、私の質問、私の内側の散歩中にアプローチは、オープン開催のまさにその目的で迷宮、答えが来るかもしれないそれまで受信する自分自身を開きます。カードの単語を含む語句、あるいはと思ったが残ることがあります入り口で迷路のように反射のための可能な焦点として、散歩中に彼らと1つを取るかもしれません人のためいくつかの迷路のホストがあります。

　質問への応答がよく考え、私たちの内なる声から単語がすぐに来ることができないまたは感覚が来る。その質問がまだ関連性を持っていないことを意味しない、さらに、我々は意識的に迷宮に私たちと持ち込んでいる可能性があります質問の視力を一時的に失うこと私たちの潜在意識は完全にオープンを保持できる我々が、本当の意図を尋ねるとき当社のお問い合わせとして回答を受信に敏感。

　他の回では、どのように我々は我々が前進するように各ステップを取っているに私のフォーカスを維持する可能性があります目指します。ここでは、招待状は私たちの足を作る方法に注意を払う、我々は前進、一歩、各脚のフレックス方法意識各ステップされてを取るよう地面との接触し、地面と接触する前方の足のかかとをもたらす、足の裏全体をアーチと最後に駆使下の地球と接触する前に。

ラビリンス アルファからオメガ

　他の回でまだマントラ、単一単語や単純なフレーズを暗唱するかもしれません我々は迷路のパスを次のように注意を固定するための手段として。時折繰り返すしたい1つのシンプルなマントラの有名な禅マスターのティック最終追加ハーン[28]の言葉です。

　"私の体と心を穏やか呼吸します。

　息が、私は笑顔-

　現時点での住居、私はこれが唯一の瞬間知っています。"

　私にとっては、これは、現在、連絡を取り合う方法が驚くほど強力な息を取ると各フレーズを読誦しました。'呼吸を落ち着かせる.息を吐き、笑顔'
　マントラや質問の焦点など、アンカーを使用する場合でも、散歩のコース中にあなたの瞑想が深まっていくにつれ、この光景を失うことも珍しくはないです。忙しいあなたの心は、念のため通話を停止したら、これは一般に時間のため自我心を手放し、内なる声の通常穏やかなカウンセリングの認識が高まっていることができたことを示します。
　どのようなアイデアや提案はそのような瞬間であなたに来る可能性がありますに敏感な特に啓発の原因になる(頻繁に)つかの間の瞬間、これらは、もの我々は、真の自我と連絡されて近くに来ることができます。
　すべてこれは非常に神秘的な聞こえるかもしれませんが、迷路を試して欲しい誰かのケンを越えて歩

きます。どのようにこれまで、あなたが可能性があ
りますまたは迷宮へあなたの第一歩を踏むとき発生
することがないことを心配する必要はありません。
私は単に非常に深い瞑想状態に入ってくるための可
能性を言及珍しい経験ではないので。

　真実は、迷宮の抱擁にオープンされてから来る設
定の経験がないことです。我々の前に言った、歩く
たびはユニークです。権利がないか間違っている-
何でしょうされますが。

　「一つの方法」と同じ原理は、どのように物理的
に迷宮の入口中央に移動して再びに適用されます。
散歩のホストは通常前に、との両方と歩くと、迷宮
自体の周りを移動するときに従ういくつかのガイド
ラインを提案するかもしれない。これらは
(場合非言語的確認可能性があります他の人に渡すと
きでも大丈夫です。通常、仲間の歩行者が彼らの反
射で一人になりますが)スペースと他の沈黙を尊重す
るような事を含むかもしれない。

　たとえば、泥だらけのブーツと散歩を(例えば、
によって鳴る鐘の終わりにもたらされるだろう方法
に言及を削除への招待などの迷宮の生命を維持する
ためには、実用的な事項も記載、またはホストがゆ
っくりと迷宮の領域の境界のまわりで一周する開始
時の認識になっている)。

　一般に、このようなグラウンドルールは散歩を共
有してみんなが互いのと同様、自体、迷路を尊重を

尊重することを確保し、散歩の時間など、遵守すべき日常の物流の懸念とネクタイするように設計します。

　このようなガイダンスは、除外本当に迷宮のしきい値上にステップしたら、あなたは何のための規則がないです。腕に出て、(ないキリスト教徒にとって、専ら象徴的なジェスチャーも励みに良い姿勢を維持するための方法自己)、あなたの体全体に斜め十字の形にそれらをもたらす、あなたの側で垂らすことができますを保持します。

　感じ何右の瞬間を検出、停止を作って時々どちらかのペースで歩くよう右-
減速し、傾斜、感じるようにスピードアップします。自分のペースは前進して自分よりも迅速に、そしてもちろんあなたの周りステップ可能性があります他の人、時のパスの前にあなたが人によって渡す必要性を感じることがあります。

　センターでそこに達する場合しばらくの間、待機する必要がありますまたは一時停止せず外側へ徒歩で着手することができます。そこからあなたは近づかれる;よりも離れた別のパスを取るいくつかの迷路のデザインが伴うことがあります。他の人が同じパスに沿って戻りますを勧めます。

　もちろん、これは散歩に使える時間は限られているので右、あるいは感じていないのでおそらく、中心部に到達する必要はありません。単にポイントでは、好転し、今の場所にあなたをもたらした同じパスに沿って戻ります。

　お散歩を終え、場合は、あなたの一日を出発する前にしばらく待機する可能性があります。歩いてい

る人のための散歩をまだ起動ができない人のため、迷宮は、それらを持っていることの経験を反映している人のために尊重するのに進みます。

　ホストは、あなたは準備ができて、または誰もがの散歩を完了するまでに勧めますが、静かに残すを許容であることを提案するかもしれない。

　簡易散歩もセッションを実施する方法にいくつかのバリエーションがあります。たとえば、最初始めた定期的に教会に歩いて、私たちの番号がまだ小さい間私は、もう一度を私たちの旅を続行する前に簡単な読書を聴く仲間歩行者センターで収集するために使用します。それぞれの独自の方法が、今共通の中心に着いたそこに来られた道を歩んで、私たち、友達と小さな円の中のこれらの瞬間を大切にするために使用します。これらの散歩は、また内側の散歩中に反射のための可能なテーマとして提供された簡単な読書で始まります。

　もちろん、すべての迷路は、ファシリテーターによってホストされます。迷路は永久にまたは頻繁にアクセス可能な公共の場所でのお散歩を取るすることができます時間の面で通常ほとんどの制約がありません。

ラビリンス アルファからオメガ

しばしば、我々は我々が我々のパスに沿って会うかもしれない誰も我々が我々が前進するように発生可能性があります知らない'人生のメタファー」であると記載されて迷路を歩いて

単独で、時に場合がありますしてグループ他で参加します。場合は、'神聖'ラビリンス自体を尊重し、空間のほうが通常提供されるガイダンスとして容易に徒歩尊重のホストによって沈黙同じ原理に従って、単独で迷宮を歩いて自分自身を見つける場合と。これはおそらく、あなたはスケーターやスケートボーダーなら、脇設定する短い間に、ローラーブレード、良いかもしれないアイデアを意味します。強迫観念のツイーターまたはテキストなら沈黙にあなたの携帯電話を置くことは手に問題に良く注意を払ってあなたを助ける可能性があります！

私上記の前文が納得させる願ってあなたは迷路のように近づいているのに何も恐れる:心配無し間違ったことをして約もうちだけに知られているいくつかの重要なステップを取ることはきっと失敗する無知な新人として立っています。迷路歩行者を経験しま

した。幸いにも、迷宮は、初心者と前におそらく千回その空間に入ってきた人の区別を行いません。

　正規の迷宮の練習を開始したいグループの同じと言えます。私が参加したグループは、ちょうど　2つまたは3つの小さな集まりとして始まった。私たちの日記に予定されていた定期大会、ボランティアがレイアウトし、新しく購入したキャンバスを詰めるために識別された、1つの訓練を受けた迷宮ファシリテーターを踏み出した私たちの通常のホストとして。簡単な読書、センターでは、一緒に集まり、それらをしたい人のための反射のための提案と利用可能なカードを作ると、各徒歩を開始するなどの技術革新は、相互の話し合い後に来た。

　あなたの組織、クラブ、またはコミュニティに迷路をもたらすことを検討している、私はされるしばらくの間、経験豊富なホストの助けに従事する貴重なことができるならお勧め。また、1つのグループが来るホストとして訓練を受けたメンバーの可能性を調査することができます。トレーニングは貴重な迷宮ホストの集合的な経験の時間の何千ものと同様の描画と不適切なファシリテーションが悪い最初の経験を持つ迷路への新規参入につながる可能性のあるリスクを最小限に抑えることではありません。Veriditas　は、ファシリテーター、老舗のトレーニングプログラムを提供しています、多言語、無料トレーニングリソースは迷宮ランチパッド(連絡先の詳細はこの本の後ろに、)経由で利用できます。

　コミット、迷路を購入するまたは完全にインストールされていると、最初大規模な投資を含むことが

できます。迷路を貸し、ポップアップバージョンの作成などの高起動コストを回避するためのオプションがあります。次の章ではこの種のいくつかの可能なオプションを検討します。

　資金は迷路を試運転可能な場合、時間の経過と共に迷宮を歩いてから恩恵を受ける人々からも小さな貢献を招待する許容できるかもしれません自主的と認識個人異なる能力を理想的な場所が、意思を支払います。

　私自身の感覚は、グループのすべてのメンバーを感じる決定でプレーする部分がある場合に強い隣人とコミュニティとの関係を育成このような人々が一緒になることを励ますことを向ける迷宮の取り組みを高めることができる方法、ベンチャー進化しています。

　散歩には、一般的な会話を共有することによって他の人を知ってもらうためのチャンスと組み合わせて、次の反射を共有することは人のための簡単な機会を提供して参加してもらうための1つの効果的な手段です。同時にこのような活動は、グループの会議のための強化された社会的目的を奨励しています。

　同様に包括的であることを目的と任意のグループ、新人歓迎を感じることを確認することが重要です。これは、ホストが特に重要な役割-提供簡単な紹介と指導の言葉新しい顔がついたらを遊ぶことができます。ことばによる紹介は、新人グループの迷宮練習が通常動作するか理解してそれらを安心させるために提供される簡単な資料ではバックアップ可能性があります。迷宮から例の配布資料をダウンロードできます。

周り　　　　　アメリカ　　　　ウェブサイト (www.labyrintharoundamerica.net).

1つの一層の配慮で作られた一時的な迷路やインストール、永久的なものを持つときは、どのようなデザインようグループの通常の使用のために右であるかを決めるに時間を取ることです。(たとえば、シャルトル)中世分けcalとバルトの種類は、一般的ですが、独自のデザインの作成に制限はありません。

重要な設計の考慮事項があります迷路が(たとえば、時折儀式の一端を担うと同様通常歩行者のためのオープンスペース'機会を提供する)、1つ以上の目的に使用することを目的として、いわゆる行列の迷宮を選択する同じパスに沿って返す歩行者を含む　1つ以上の相対的な利点を評価する(別の出口経路が提供されることを意味行列玄関から中心部に到達するために使用する)。

他の考慮事項は、利用できるスペース、幅と迷路のパス(たとえば、車椅子ユーザーのニーズの考慮する)、し、迷路を作成するために使用される材料の長さを収容することができます迷路のサイズに含まれます。

迷路のパスの区切り記号として使用される色を通じてさまざまな色や塗装ラインの間のコントラストを見る能力など適切な実用的な配慮を感じることができないさまざまなエネルギーがあると見なす必要があり、パス自体は、あなたの意思で遊びに来るかもしれません。

とき永久的な迷路、迷宮の経験豊富なデザイナーとビルダーをインストールする必要があります通常

プロセスの一部として相談　ed。経験豊富なコンストラクターが可能性がありますいないそれ以外の場合いただければ、迷路、および基になる地盤構造と(場合の排水に関する考慮事項の適切な立地などインストールの側面に助言できます。屋外のプロジェクト)。やまの伽藍の意義に関心を持つ、経験豊富な組むにご相談があります。

　それにもかかわらず、多くのコミュニティを設けて彼ら自身の蒸気の下で迷路迷路構築とデザイン(サプライヤーのリストはこれの終わりに提供されてについてのガイダンスを提供、さまざまな優れたの印刷およびオンラインの材料の活用本)。

　確信しているグループは、これを実現するその方法を見つけるだろうし、結実する迷宮プロジェクトをもたらすこと少数の個人またはより大きいコミュニティの間で意志のある場合。非常にそこに迷路を歩くための堅く、速い規則ではないことのようなすべてのコミュニティ
プロジェクトは一意です。すべてのイニシアチブは特別と迷宮が常に自分たちのビジョンを育てるのに時間がかかる人の報酬します。

第 4 章

あなたの迷宮の旅の次の場所?

最初は、迷宮を発生して後、ほとんどの人では、魅惑的な見つけます。遠く離れた場所でまたは旅行ロードショーの一部として歩いて迷路は、単一のイベントとして感激するかもしれないがしかし、そのパスを再度踏むしたい人は、どのようなオプションがありますか。

迷路を発見

公園や市広場や教会、ガーデン、またはコミュニティホールで規則的に広げて携帯版で永久に利用可能

ですあなたの近所1の迷路を持っている十分な幸運をしていることがあります。簡単なインターネット検索は、近くにそのようなの迷路が存在するかどうかを識別するために十分なはずです。

　具体的にはそれらを歩きたい人々と迷路を接続するために設計されている　1　つの優れたオンラインリソースは、迷宮ロケーター（www.labyrinth locator.com)です。迷宮会とVeriditas、主催、この豊富なリソースは、迷路の世界中の何百もの検索可能なディレクトリを提供します。いくつかの単純なクリックでウェブサイトに特定の場所で見つけることができる迷路が一覧表示されます。

　迷路を検索するための他のリソースがいくつかは、この本の後ろに記載されている、あまりにも付いています。

行う場合や迷路を購入

もちろん、独自の迷路を作成するグループのかどうかについて設定またはあなた自身の個人的な使用することができます。迷路の裏庭で敷石を形成、芝生にカットまたは遊び場に描かれているされている例は多い。

　バルト、中世、および古典的な迷路パターンは、そのいくつかの基本的な知識と(正方形のルール、巻尺、および文字列の長さ)など、いくつかの基本的なツールの助けを借りては簡単に比較的描画できます。その概要は、'種のパターン'、迷路の中心部に近いにマップされているラインとマーカーポイントの簡単な青写真と呼ばれるものから働いてすぐにレプリ

ケートできます。次の図このようなパターンからを
構築クラシックスタイルの迷路を描画する処理を示
しています。

古典的な迷路を描画するためのメソッド
(Jeff Saward)

　動画の範囲、ブック、およびその他の資料は、異
なる迷宮デザインをマークする方法をについて説明
します。例のホストは、この本の後ろに記載されて
います。
　ポップアップ'迷路ものを設定するもので、安価
な材料の広い範囲を使用して単一イベント-5
月の作成後、解体。バンジー　ロープ、マスキング

テープ、ろうそく、およびチョークライン一時パスをマークするための可能性の間では。それは非常に長期的なことができない場合でも、ビーチ、雪、または、原野の土壌にカットされている迷路はすべてのように何かを費用が必要。

　ポリカバス、アクリルは、両方の耐久性・耐候性ポータブル迷路の素材として特に人気があります。他の材料は、自分たちより正規屋外用UPS生地、一時的な広告バナーを生成してよく使用される材料の種類などを貸すかもしれない。

　ただし、ほとんどすべての材料は歩行者(前に靴を削除するなどの上を歩いている材料の損傷が自然を尊重する世話をする場合は特に、比較的、使用が限られている屋内迷路を作成するで十分です。それにステッピング)。

　あなた自身のポータブル迷路を作成する実験を希望しない場合は、ヘルプが老舗迷宮メーカー、人の数は、この本の後ろに記載されている番号から取得できます。これらの多くはまたより一般的なパターン以外のデザインのアートワークを作成するを支援できます。リサ
モリアーティ、アメリカ周辺の迷路迷路のクリエイターの作品にツリー錯覚枝モチーフを組み込む、ハートの中心であり多くの角度の形状をエコーのものの周りに焦点を当てている迷路の例が含まれていますなど他の人の間で、ローマのモザイクで見られている迷路。他のサプライヤーのポートフォリオは同様にさまざまです。

迷路公共空間だけでなく、大学の敷地内、企業のキャンパス、および残りの家のような場所を紹介するプロジェクトより恒久的なインストールのために呼び出すことができます。このようなプロジェクトは通常より大きい予算を必要とし、大きく専門家迷路ビルダーの専門知識に描画することによって支援されます。

ここでも、コストをしばしば最小限ボランティアがプロジェクトに関与する準備ができています。Ex-十分な建設の専門知識と組み合わせる愛の労働を助けたヒューストン、テキサス州のグレース監督教会の敷地内2つの巨大な樫の木で覆われて美しい生命の木の迷路を作成します。

膝上迷路や家庭用の迷路

このすべてはよく、お金、時間、および委員会は新たな創造のレイアウトのためのスペースを持っていることはもちろんのこと、それらのために迷路を作ったりする理由を持っている個人のために良い可能性があります。

しかし、私たちのほとんどは、このような贅沢を楽しんでいないし、家に近いしていない公共の迷宮へ簡単にアクセスがあります。幸いなことに、このような状況で自分自身を見つける人々のためのオプションがあります。

'歩く'指迷路1つの可能性は、個人領域が不足しているまたは人は物理的に伝統的な迷宮を歩くことができません。この迷路のパスは通常木材に刻まれた、セラミック、成形またはいくつか他の材料を使用

して作られた、溝と足と脚ではなく、指を移動することによって移動するための手段です。

　オンラインストアや他の場所から異なるサイズと重量の指迷路があります。ほとんどは、膝の上に座って、小さなサイド
テーブルの残りの部分に設計されています。そのスリムなフォームを容易に保存、彼らはまた魅力的なテーブル デコレーションとして可能性があります。

　指迷路も再生できない場合がありますそれ以外の場合がベッドバインドまたは視覚障害者を含む、貴重な体験を共有する地面の迷路を歩くことができる人を可能にする重要な役割があります。ニール　・ハリス、プロのカウンセラー、指迷路クリエーター、および迷宮会の創立メンバーは、20　年以上様々な治療設定で手迷路を使用います。

　ハリスの仕事は、パイオニアの脳の右と左半球の活動のバランスを取ることができます両方の手
(または2つの人々によって使用されている)の使用を含む、ダブル迷路のように彼を導いた。このような迷路を歩く[29]他の中、癒すために脳に損傷を受けた脳卒中患者を助けました。

ラビリンス アルファからオメガ

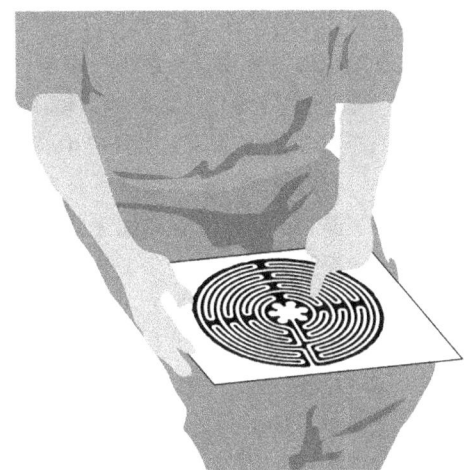

指迷路に非常に小さな部屋を必要があります格納し、在宅で使用できます。

指迷路があるより大きいいところささげ物歩行を希望する場合、多くの人々のための援助をすることができます自分の瞑想の間に気晴らしを避けるために彼らが歩いている間彼らの目を閉じる機能上の利点と思います。

指を使用してトレースすることができます迷路は木や石で刻まれていない必要があります。紙のシートに描かれたパスは、1つはクッションカバーや敷物、壁(またはもスイミングプール、ノッティンガム大学で上演する特別なイベントの場合)、投影またはサンドボックスの、一時的にマーク刺繍はもちろんのこと、同じ目的を使用できます。

迷路陶器に細工された、ニット毛布正方形にして遊び、生地から指が刻まれました。リサ
モリアーティのポートフォリオには、ハロウィーンのカボチャ、特別な創造に切られた迷路も含まれて

います!本当に迷路を作成する使用される可能性がありますかの事実上制限はありませんがあります。

　迷路、ポスターに描かれていることや、壁に投影する歩くことができる"だけでなく、指でそれのパスを追跡することで、目でそのコースに従うことによって。このようなアプローチが迷宮図面を固定する壁の小さなスペースを見つけることができるかもしれない人はもちろんのこと、麻痺している誰かのため迷路のパスを接続する手段を提供しています。

　私たちのすべての迷路を歩いて、私たちの体の一部の移動だけではありませんがあるが、ポーラのダーシーがそれを置く"[散歩]の足でだけでなく、手と心と心で」[30]。徒歩の心と心、これら必要性の最も重要なは、非常に少しの運動を伴います。

　ラビリンスとの魅力的な利用できるそう多くの機会、今定期的にその経路上にステップの人々の数百万のないが来る1つのほとんどの理由がありません。

　ものを豊かするパスを歩くことがあります、あなたはあなたとしてその謎の詳細までオープンの迷宮その多くの贈り物を発見するかもしれません。

ノートおよび参照

[1] *Labyrinths: Ancient Paths of Wisdom and Peace*, Virginia Westbury, 2001, Aurum Press Ltd, p. 7.
[2] *Through the Labyrinth: Designs and Meanings over 5000 Years*, Hermann Kern, 1982, Prestel Press, New York, p. 23.
[3] 'Is That a Fact?', Jeff Saward & Kimberly Lowelle Saward, *Caerdroia* 33, 2003, pp.14-28.
[4]神聖な幾何学:自然、幾何学的図形、割合、および配置は、普遍的なパターンに建築とデザインの重要なまたは象徴的な意味を与えます。

　神聖な幾何学、ジム・ブキャナンの意味(精神の迷路:瞑想と悟り、2007年の自身の迷路の作成方法ガイア、p.97)キリスト教の数秘術がシャルトル

迷路の設計の中心であることを示唆している:
それは分割4分割(四福音書と質量の4つの段階を表す)。そのイレブン歩こう '罪' にリングの中心、または(両方の使徒の数と男性 (3) と (4) を示す数値の倍数12) 12 の領域に到達するまで。

 迷路、その風水の象徴、ナイジェルさん Pennick(迷路、その風水や象徴、ナイジェルさんPennick、1984年Runestaffpp.1617)も迷路の設計の数秘術のコメントは、リマークに書かれたキリスト教の設定これらは、「男性と女性、キリストと、ルシファー人間生活の象徴とのバランス '3:20 年と 10"。

[5] Hermann Kern, *Labyrinths, Walking Toward the Center*, Gernot Candolini, 2001, Crossroads, p. 141.

[6]マイアのスコットは、'ラビリンス、続けたイタリアレガシー'、Veriditas、ラビリンスの声から、2009年冬、p.10の精神でイタリアの迷路の歴史をたどる。

[7] [著者フィリップ ・ カー ・ ガムで風水 7] を記述(要素のドルイドの伝統、フィリップ ・ カー ・ ガム、要素、1991年、p.96)"芸術と科学、寺院、神聖な円、墓および記念碑力との関係の正しい選定を抑止する鉱山として天と地。それは地球の神聖さの知識です。その基本的な主義の1つはボディを運ぶ旗として知られている中国の鍼灸師の微妙なエネルギーの流れと同じように地球がラインに流れる生命エネルギーの流れを運ぶこと".

[8] Candolini, 2001, *op. cit.*, p. 51

[9] *Walking a Sacred Path: Rediscovering the Labyrinth as a Spiritual Practice*, Lauren Artress, 2006, Riverhead, New York, p. 20.

[10] Artress, 2006, *ibid.*, p. 157.

[11] Candolini, 2001, *op. cit.*, p. 30.

[12] Westbury, 2001, *op. cit.*, p. 13.

[13] Candolini, 2001, *op. cit.*, p. 55.

[14] See Lonegren, 2007, *op. cit.*

[15] Westbury, 2001, *op. cit.*, p.14.

[16] Lonegren, 2007, *op. cit.*, p. 3.

[17]一方、脳波の正確なモニタリングが困難ですが、睡眠や瞑想中に脳波のパターンの変更の研究の増加する数を実施しています。
参照してください。、の 例では、
http://www.brainworksneurotherapy.com/what-are-brainwaves.

[18] *Walking the Path to Tomorrow Together or Reconciling Inner and Outer Journeys*, Clare Wilson, www.peacesanctuary.org, accessed 24 January 2017.

[19] *Steps Toward Common Ground, The Labyrinth's Role in Building Beloved Community* (Doctor of Ministry Thesis), Rev. Kathryn A. McLean, Chicago, Illinois, May 2016, p. 17.

[20] *And by our hands.... The La Falda Labyrinth*, Judith Tripp, http://circleway.com.

[21] 'Labyrinth Prayers for Healing in Myanmar', Jill Geoffrion, *Labyrinth Pathways* (3) July 2009, pp. 8-12.

[22] 'Labyrinths, Spirituality & Quality of Life', Bob Gordon, *Labyrinth Pathways* (3) , July 2009, pp. 13-15.

[23] *Magical Paths: Labyrinths and Mazes in the 21st Century*, Jeff Saward, 2002, Mitchell Beasley (Octopus), London p. 205.

[24] 'Commonly Reported Effects of Labyrinth Walking', John D. Rhodes *Labyrinth Pathways* (2) July 2008 pp. 31-37.

[25] Geoffrion, July 2009, *op. cit.*, p. 11.

[26] *Labyrinth Pathways* (10) Sep 2016, The Labyrinth in a Residential Treatment Center, Charles Gillispie, pp. 26-31.

[27] http://www.sydneylabyrinth.org/about/, accessed 14 January 2017.

[28] *Breathe, You Are Alive: The Sutra on the Full Awareness of Breathing*, Thich Nhat Hanh, 1992, Rider.

[29] 'Intuipath® Finger labyrinth and Brain Synchrony', Neal Harris, Tina Christensen, *Labyrinths Matter Newsletter* (5), May 2016, pp. 2-5.

[30] in Candolini, 2001, *op. cit.* p. 9.

ラビリンス アルファからオメガ

文献目録

次の文献目録は、迷路についての知識を深めることに興味がある人によって相談されるかもしれない多くの優秀な出版物の様々な範囲を示しています。このリストは完全ではありません。

　ラビリンスそのホームページ、www.labyrinthos.net/bibliography.html、関心のある専門分野に関連するタイトルを含む広汎な文献目録を提供しています。

Canvas Labyrinths Construction Manual, Robert Ferré, 2014, Labyrinth Enterprises
Chartres Cathedral, Malcolm Miller, 1997, 2nd edition, Riverside Book Co
Christian Prayer And Labyrinths: Pathways to Faith, Hope, and Love, Jill Kimberly Hartwell Geoffrion, 2004, Pilgrim Press, Cleveland
The Healing Labyrinth: Finding Your Path to Inner Peace, Helen Raphael Sands, 2001, Barron's Educational Series
Kids on the Path, School Labyrinth Guide, Marge McCarthy, Labyrinth Resource Group http://labyrinthresourcegroup.org/wp-content/uploads/2012/03/kids_on_the_path_part_1.pdf (& DVD)

Laberintos: tradición viva (Sapere Aude), Fernando Segismundo Alonso Garzón, 2014, masonica.es (En español)

Labyrinths: Ancient Myths and Modern Uses, Sig Lonegren, 2015, Gothic Image Publications, Glastonbury

The Labyrinth and the Enneagram, Circling into Prayer, Jill Kimberly Hartwell Geoffrion and Elizabeth Catherine Nagel, 2001, Pilgrim Press, Cleveland

Labyrinth: Landscape of the Soul, Di Williams, 2011, Wild Goose, Glasgow

Labyrinths and Mazes: A Complete Guide to Magical Paths of the World, Jeff Saward, 2003, Lark Books (Sterling), New York, and Gaia Books (Octopus), London

Labyrinth Reflections, Cathy Rigali and Lorraine Villemaire, http://www.labyrinthreflections.com/order

The Labyrinth Revival: A Personal Account, Robert Ferré, 1996, 2nd edition, Labyrinth Enterprises, LLC

Labyrinths for the Spirit: How to Create Your own Labyrinth for Meditation and Enlightenment, Jim Buchanan, 2006, Sterling Publishing Co., Gaia Books, New York

Labyrinths, Walking Toward the Center, Gernot Candolini, 2001, Crossroads, New York

ラビリンス アルファからオメガ

Labyrinth Journeys: 50 States, 51 Stories, Twylla Alexander, 2017, Springhill Publishing,

Little Miracles on the Path: 20 Labyrinth Stories Celebrating 20 Years of Veriditas, www.veriditas.org/books

Living the Labyrinth, Jill K.G. Geoffrion, 2000, Pilgrim Press, Cleveland

The Magical Labyrinth, Ruth Weaver, 2013 Preschool - Kindergarten (for children)

Magical Paths: Labyrinths & Mazes in the 21st Century, Jeff Saward 2002, Mitchell Beasley (Octopus), London

The Magic of Labyrinths, Liz Simpson, 2002, Thorsons

The Mysteries of Chartres Cathedral, Louis Charpentier, 1972 Rilko Books, Rye

The Sacred Path Companion: A Guide to Walking the Labyrinth to Heal and Transform, Lauren Artress, 2006, Riverhead, New York

Steps Along an Unfolding Path: A Journey through Life and Labyrinths, Lars Howlett, 2011, Biomorphic.org

Through the Labyrinth: Designs and Meanings over 5000 Years, Hermann Kern, 1982, Prestel Press, New York

Walking a Sacred Path: Rediscovering the Labyrinth as a Spiritual Practice, Lauren Artress, 2006, Riverhead, New York

The Way of the Labyrinth: A Powerful Meditation for Everyday Life, Helen Curry, 2000, Penguin Books, New York

Way of the Winding Path: A Map for the Labyrinth of Life, M. A. Eve Eschner Hogan, 2003, White Cloud Press

Working with the Labyrinth, Ruth Sewell, Jan Sellers & Di Williams, 2013, Wild Goose Publications

ジャーナル

Caerdroia. The Journal of Mazes and Labyrinths. 迷路や迷路のジャーナル。研究に関する研究迷路や迷路、毎年発行します。

http://www.labyrinthos.net/caerdroia.html

Labyrinths Matter Newsletter, Australian Labyrinth Network.

Labyrinth Network North West Newsletter
www.labyrinthnetworknorthwest.org/newsletters/2010/100423_LNN_Newsletter.pdf

Labyrinth Pathways. Labyrinthos
www.labyrinthos.net

Little Miracles on the Path, Linda Mikel.
www.veriditas.org

The Labyrinth Journal.
(冬2012年まで利用可能なコピー)
www.veriditas.org/journal

TLS Members e-Newsletter.
迷宮会のメンバーの季刊のニュースレター。

ラビリンス アルファからオメガ

DVD's

Rediscovering the Labyrinth: A Walking Meditation with Lauren Artress, Grace Cathedral, San Francisco

Labyrinths For Our Time: Places of Refuge in a Hectic World, The Labyrinth Society

Pathway to Change: Jail Labyrinth Project, Lorraine Villemaire and Cathy Rigali

The Troy Ride - A Labyrinth for Horses, Cordelia Rose & Ben Nicholson

(他のDVDの特徴の馬、癒し、迷宮、ホワイトウォーター メサ迷路、www.wm labyrinths.com から入手可能,).

迷宮
リソースガイド

迷宮研究の拠点、会員組織、社会

Labyrinth Launchpad.
無料、多言語リソース、迷路の探求と紹介のための助けの源の主要ポータル。
迷路のホストのためのトレーニングを含みます。
www.labyrinthlaunchpad.net

The Labyrinth Society.
世界的な組織、メンバーが、迷宮メーカー、迷宮ファシリテーター、迷路のための感謝や興味を持っている誰も。メンバーはまた雑誌の記事のアーカイブへのアクセスがある、活発な社会のFace-bookグループを介して迷路に関するすべての意見交換を楽しむことができます。
www.labyrinthsociety.org

Veriditas.
迷宮ファシリテーターのトレーニングと認定を提供します。迷宮をホストするためのベストプラクティスを奨励し、迷宮の歩行の利点を促進します。

www.veriditas.org

Labyrinthos.
研究機関と迷宮の歴史、目的、およびアプリケーションに関する情報の中心。迷路の経路
(迷路の社会のメンバーに利用可能)、ケアドロイア回の雑誌を出版します。
www.labyrinthos.net

The Labyrinth Coalition.
迷宮の連合。米国中西部に焦点を当て、リソースネットワーク、およびイベントのコーディネーター。
www.labyrinths.org

The Labyrinth Guild of New England.
ギルド。ニューイングランドでは、イベントの主催者、ファシリテーター、迷宮の愛好家のコミュニティを基づいています。www.labyrinthguild.org

Labyrinth Link Australia.
www.labyrinthlinkaustralia.org

Labyrinth Network Northwest (Pacific Northwest).
www.labyrinthnetworknorthwest.org

オンラインフォーラム、ブログ、および社会的私ダイヤ

https://www.facebook.com/labyrintharoundamerica/ Labyrinth Around America Facebook page.

https://www.facebook.com/LabyrinthSociety/

www.facebook.com/veriditas.labyrinth

www.facebook.com/LabyrinthosUK

www.facebook.com/labyrinthwellnessllc

www.facebook.com/Labyrinthing

www.facebook.com/Labyrinthireland-156708794360950

https://labyrintharoundamerica.wordpress.com/
Labyrinth Around America blog.

www.blogmymaze.wordpress.com

https://guerrillalabyrinths.wordpress.com/labyrinth-blog

http://labyrinthos.blog/

http://labyrinthyoga.com/blog

https://www.instagram.com/thelabyrinthsociety/

https://twitter.com/LabyrinthSoc

https://twitter.com/labyrinthwisdom

https://www.linkedin.com/in/veriditas-inc-8157019a

迷宮のロケーター

www.labyrinthlocator.com.
世界的迷宮のロケーター。迷路を見つけるため広範なオンライン検索機能。信仰と希望と愛財団からの寛大な助成金によって迷宮会と株式会社Veriditasが主催。調査し、ジェフサワード、歴史と迷路や迷路

の開発の第一人者建学の共同創設者と迷路、迷路のケアドロイアのジャーナルのエディターとラビリンスのディレクターによって管理されます。

www.labyrinths.org. The Labyrinth Coalition.

www.labyrinthlinkaustralia.org/labyrinth_directory.htm

www.labyrinthnetworknorthwest.org/. (Pacific Northwest)

www.paxworks.com/labguy/hospitallinks.html. Links to hospital labyrinths.

ファシリテーターと迷宮レンタル

www.veriditas.org/. Veriditas"ファシリテーターが見つかりません'ディレクトリ。Veriditas訓練を受けたファシリテーターを見つけるための高度な検索機能。

www.labyrinths.org/lablocators.html. The Labyrinth Coalition's.

www.labyrinthguild.org. (Boston, MA)

ポータブル迷宮メーカー

注:このセクションと次のセクションのほとんどの製造者は製品を出荷/世界的なサービスを提供します。

www.discoverlabyrinths.com. Discover Labyrinths LLC (USA)

www.labyrinthbuilders.co.uk. The Labyrinth Builders (UK)

www.labyrinthcompany.com. The Labyrinth Company (USA)

www.labyrinth-enterprises.com. Labyrinth Enterprises, LLC (USA)

www.pathsofpeace.com. Paths of Peace, the maker of the labyrinth for Labyrinth Around America. (USA)

www.paxworks.com. Paxworks (USA)

www.robinmcgauley.com. Robin McGauley (Canada)

www.veriditas.org/canvaslabyrinth. Veriditas (USA)

恒久的な迷宮コンストラクターおよびコンサルタント

www.pathsofpeace.com. Paths of Peace (USA)

www.labyrinthbuilders.co.uk. The Labyrinth Builders (UK)

www.labyrinthcompany.com. The Labyrinth Company (USA)

www.labyrinthireland.com. labyrinthireland.com. デザインのアドバイス、ファシリテーション、ワークショップ(アイルランド)

http://www.labyrinthos.net/construction.html/. デザイン、アドバイス、出版物およびツアー.(UK) www.labyrinths.com.au/. Mark Healy Labyrinths (Australia)

www.labyrinthsinstone.com. Labyrinths In Stone (USA)

www.veriditas.org/construction. Veriditas (USA)

ポップアップ迷宮サプライヤー

www.discoverlabyrinths.com/.
迷路を発見します。迅速かつ簡単な迷路構築コミュニティとラース・ハウレット他の開催イベント。(USA)

www.labyrinthsociety.org/make-a-labyrinth.
The Sand Labyrinth Kit, Lauren Artress, 2002, Tuttle Publications.本、2つのテンプレート、および砂の袋が含まれています。 www.veriditas.org

www.asacredjourney.net/2015/11/make-your-own-labyrinth. *Journey Book Club.*

www.centerforfaithandhealth.org/resources. Center for Faith and Hope.迷路を作成する方法についてのガイダンスを提供しています。

風水コンサルタント

www.bouldermasterbuilders.com. BoulderMaster-Builders / Dominique Susani (France)

www.landandspirit.net. Land and Spirit (UK)

www.markopogacnik.com. Marko Pogačnik, 組むとユネスコ平和芸術家に国際的に絶賛されました。(Slovenia) www.geomancy.org. Mid Atlantic Geomancy by Avalon in Holland, Sig Lonegren (Netherlands)

www.richardfeatheranderson.com/American_School_of_Geomancy.html. American School of Geomancy (USA)

指迷路サプライヤー

www.dasfingerlabyrinth.com/kaufen-2. Das Fingerlabyrinth (Germany)

www.dmhstudio.com. DMH Studio. (指迷路を作成する方法についてのガイダンスを提供しています) (USA)

www.escapepathllc.com. E.S.C.A.P.E. PATH (USA)

https://goo.gl/bUpvoE. Veriditas Chartres Labyrinth (USA)

www.harmonylabyrinths.com. Harmony Labyrinths (USA)

www.ispiritual.com. iSpiritual.com (USA)

www.labyrinths.com.au/. Mark Healy Labyrinths (Australia)

www.labyrinthshop.com. The Labyrinth Shop (USA)

www.mindfulsoulutions.ca. Mindful Soulutions (Canada)

www.mountainvalleycenter.com/labyrinth-gifts.php. Mountain Valley Center (USA) *www.pathsofpeace.com. Paths of Peace (USA)*

www.paxworks.com/. Paxworks (USA)

www.pilgrimpaths.co.uk. Pilgrim Paths Ltd (UK)

www.qdimensions.com.au. QDimensions (Australia)

www.relax4life.com/index.html. Relax4Life (USA)

www.robinmcgauley.com/. Robin McGauley (Canada)

かぎ針編み/ニット指迷路用の無料パターン

http://www.welcatg.org/filebin/PDF/Labyrinth_FINAL.pdf. Women of the ELCA (Online),
の女性など役立つファクトシート迷宮を使用する方法について

訓練のホスト

www.labyrinthlaunchpad.org. ラビリンス [スタートパッド] では、迷路散歩として独自のトレーニングプログラムを開発するための無料のリソースをホストするための無料の自習と証明のパスを提供しています。(全世界)

www.veriditas.org. (USA, worldwide)

http://www.peacefulendeavours.org (USA, worldwide)

www.labyrinthjourney.com/index.asp. LabyrinthJourney (USA)

迷宮美術館

www.butterflyzoo.co.uk.、サイモンズ・ヤット、ヘレフォードシャー、イギリス。迷路や迷路の歴史をたどる小さな博物館。

ラビリンス カード

www.helenwilltheartofhealing.com. The Art of Healing (Canada). 歩く瞑想で使用するデッキは美しく描かれたカード。

www.labyrinthwisdom.com. Labyrinth Wisdom Cards (Ireland).。ハンドブック、迷路を示す反射のため質問48カードデッキを提供しています。

リソースをダウンロードするには

https://zdi1.zd-cms.com/cms/res/files/382/labyrinth_proposal_template-1.pdf.
コミュニティや制度的迷宮プロジェクトの提案のテンプレート。(The Labyrinth Society)

https://zdi1.zd-cms.com/cms/res/files/382/ChartresLabyrinth.pdf.
シャルトル迷宮図面。

http://www.labyrintharoundamerica.net/Labyrinth_Walk_Handout_v01.pdf. 迷路の周りアメリカ folleto・デ・プレ-パセオ (スペイン語)。

www.centerforfaithandhealth.org/resources. Center for Faith and Hope. 信仰と希望のための中心。

紙の迷路を作成するためのテンプレートを提供しています。

www.labyrinthlaunchpad.org. Labyrinth Launchpad.

迷路についての詳細を見つけるための他の参考ソース

www.labyrinthlaunchpad.org. Labyrinth Launchpad.
無料で多言語訓練と助言の迷宮ホストとして迷路アプリケーションのコミュニティと組織の迷宮を導入するための考慮事項に関するリソースの富を提供しています

www.art.tfl.gov.uk/labyrinth.
270地下鉄の各迷宮アートワークをインストールを含んだマークワリンジャーによるロンドンの地下システムの主要な芸術家の魅惑的な調査。

www.cathedrale-chartres.org/en/,251.html. Chartres Cathedral Labyrinth, Chartres, France

https://www.sadellewiltshire.com/.Sadelleウィルトシャー瞑想的な芸術では、迷宮を導入(ビデオおよび専用のフェイスブックグループ)によるアートの迷宮を使用して正規のオンライン
コースを提供しています。

www.centennialparklands.com.au. Sydney Centennial Park Labyrinth, Sydney, Australia

www.gracecathedral.org/labyrinth. Grace Cathedral, San Francisco www.graceinhouston.org/visiting-joining/tree-of-life-labyrinth. 'Tree of Life' labyrinth, Grace Episcopal Church, Houston, Texas

www.labyrintharoundamerica.net. Labyrinth Around America.
大陸米国の国境の州周辺の迷路に同じ名前のプロジェクトのホーム。作成し、この本の著者、クライヴ・ジョンソンによって維持します。 Facebook: www.facebook.com/labyrintharoundamerica/, blog: https://labyrintharoundamerica.wordpress.com/

www.labyrinthos.net. Labyrinthos.
広汎な文献目録を含む迷路の謎と歴史の情報の広い範囲を提供しています、様々
な国の迷路をガイドします。

www.labyrinths.org/resources/worldpeacelabyrinth05.pdf. World Peace Labyrinth

https://labyrinthsociety.org/tls-365-experience. *365*の経験では、迷宮会のFacebookページと検討、熟考し、(独自のラビリンスへのアクセスの一部を満喫する必要はありません) TLS
メンバーからの貢献と、使用する人のためのウェブサイトの毎日の経験を提供しています。

www.labyrinthsociety.org/labyrinths-in-places. Labyrinths in Places.
場所で迷路では個人またはグループの異なるコンテキストに迷路を導入を検討に関するリソースとガイダンスを提供しています(学校、教会、刑務所、カウンセリング、リトリート、公共公園および大学を含む、大学)。

www.lessons4living.com/labyrinth.htm.
一般的なリソース。

www.reconciliationlabyrinth.withtank.com. The Reconciliation Labyrinth, South Africa

www.ssqie.com/. Sacred Sites Quest. Gives students exposure to diverse cultures, often involving community labyrinth projects. See also Reginald Adams' own website at www.reginaldadams.com/.

YouTube やオンライン ビデオ

www.youtube.com/channel/UCvlZ0FybL_mqhoHlT1Nqow. Dedicated YouTube channel of The Labyrinth Society

www.youtube.com/watch?v=o7u80ZLEh3M *Labyrinth History & Walking*, The Labyrinth Society

www.youtube.com/watch?v=shpJpL9SKXM *Labyrinth - A Walking Meditation*, Tori Fiore Film Projects

www.youtube.com/watch?v=rlPKFeevXZs&app=desktop *How to make a Quilted Finger Labyrinth*, Women of the ELCA

www.youtube.com/watch?v=WJ6J2Haktdc *Walking Meditation: Grace Cathedral Labyrinth*, Kirsten Johnson

www.labyrinthsociety.org/labyrinth-types. *Labyrinth Types - A Guide to the Many Kinds of Labyrinths Found all over the World*, The Labyrinth Society https://www.youtube.com/watch?v=SX_orvEelak. *Leaf Labyrinth*, Discover Labyrinths. Stephen Shibley, Lars Howlett.

www.youtube.com/watch?v=f9rt39ieP5E. *Lauren Artress on the Labyrinth*, Bob Hughes

http://art.tfl.gov.uk/labyrinth/about/. *About Labyrinths*, Mark Wallinger

www.youtube.com/watch?v=i33t89tnGfU. *Creating a Masking Tape Labyrinth*, Warren Lynn

www.youtube.com/watch?v=7TjEo6y1_eY. *Finger Walking the Chartres Labyrinth Board*

www.youtube.com/watch?v=jXluF1x1sbo. *Healing powers of Labyrinths explained and experienced*, Lilou Mace

www.youtube.com/watch?v=I4jyt8KJyYw. *A Bit of Labyrinth History*, Guideposts

www.youtube.com/watch?v=DgYTwmgGsJc. *Labyrinth Locations*, The Labyrinth Society

www.youtube.com/watch?v=1aMAuekhi_A. *The Search for Meaning in the Labyrinth of Life - Lauren Artress and Phil Cousineau*, VeriditasWebVideos

www.youtube.com/watch?v=ik1TdDNKfE8. *Sacred Sites Quest Ecuador 2017: Promotional video*, Reginald Adams

www.youtube.com/watch?v=_GE-UBdXbrg *How to Make your own Plaster Finger Labyrinth*, Lise Lotz

ポッド キャスト

www.labyrinthsociety.org/media/categories/1708-podcasts. 迷宮会からポッド
キャストの広範かつ成長している範囲です。

www.abc.net.au/local/stories/2015/10/08/4326896.htm. ジョーのコック、
タスマニア回復から摂食障害グループの創設者とのインタビューします。迷宮とジョーの出会いは、彼女が摂食障害から回復を克服するために彼女を助けた。

www.abc.net.au/radionational/programs/breakfast/the-labyrinth/2992930. ABC Radio National *RN Breakfast* interview with Rev. Dr Lauren Artress.

www.abc.net.au/radionational/programs/spiritofthings/ladies--of-the--labyrinth/6127862. *The Spirit of Things*, 'Ladies of the labyrinth'.
ABCラジオ国立RN朝食牧師博士ローレン Artress インタビュー

www.bestofbcb.org/out-002-landscape-artist-describes-his-labyrinth-in-serene-park/. Bainbridge Community Broadcasting

www.labyrintharoundamerica.com/LaACJph.mp3. クライヴ・ジョン
ソンはのためのインスピレーションと迷路の周りアメリカプロジェクトの意図について話しています。

http://www.onbeing.org/program/the-science-of-healing-places/4856. *On Being with Krista Tippett*, 'Esther Sternberg – The Science of Healing Places'.

Clive Johnson

受信確認

私のおかげで、すべての教師、支持者と私の迷宮の旅;助けてくれた仲間の歩行者のためTJ、これまで患者と忠実なコリー私の文章のほとんどの間に私の側に座っていた人に彼女の優れた証拠読書;のモニカーにダグラスクラーク偉大な神ののクリエイターと迷路の謎のキーパーに。

著者について

クライブ Veriditas
訓練迷宮ファシリテーター、異教徒間の大臣、迷宮の愛好家です。彼の 8 本です。

www.clivejohnson.info
www.clivejohnsonministry.com
www.labyrintharoundamerica.net
www.labyrinthlaunchpad.org

クライブによってまたジョンソン:

Picturing God: How to conceive and relate to the Divine (An Anthology)
Fairy Stories & Fairy Stories: Traditional tales for children, Contemporary tales for adults
Arabian Nights & Arabian Nights: Traditional tales from a thousand and one nights, Contemporary tales for adults
Being Spiritual: What this means, and does religion matter?
Understanding Interfaith: The What, Why, and Who

www.ingramcontent.com/pod-product-compliance
Lightning Source LLC
Chambersburg PA
CBHW070122110526
44587CB00017BA/3226